巴菲特

给儿女的一生忠告

插图升级版

杨颖◎编著

成都地图出版社

图书在版编目(CIP)数据

巴菲特给儿女的一生忠告：插图升级版 / 杨颖编著. — 成都：成都地图出版社有限公司，2020.9(2023.10 重印)
ISBN 978-7-5557-1572-6

Ⅰ. ①巴… Ⅱ. ①杨… Ⅲ. ①家庭教育－经验－美国 Ⅳ. ①G789.712

中国版本图书馆 CIP 数据核字(2020)第 176857 号

巴菲特给儿女的一生忠告(插图升级版)
BAFEITE GEI ERNÜ DE YISHENG ZHONGGAO(CHATU SHENGJI BAN)

编　　著：杨　颖
责任编辑：游世龙
封面设计：松　雪
出版发行：成都地图出版社有限公司
地　　址：成都市龙泉驿区建设路 2 号
邮政编码：610100
电　　话：028-84884648　028-84884826(营销部)
传　　真：028-84884820
印　　刷：三河市众誉天成印务有限公司
开　　本：880mm×1270mm　1/32
印　　张：6
字　　数：136 千字
版　　次：2020 年 9 月第 1 版
印　　次：2023 年 10 月第 6 次印刷
定　　价：36.00 元
书　　号：ISBN 978-7-5557-1572-6

前 言

生为股神巴菲特的孩子，是一种怎样的人生体验？是不是一辈子都不用为金钱烦恼，是不是不用努力也可以获得成功呢？

“股神”沃伦·巴菲特因为对资金的绝佳把控能力而被世人所熟知，但人们对其的家庭教育方面往往所知甚少。其实，在教育孩子方面，巴菲特也有很多独特的见解与想法，同样可以成为我们的楷模。

巴菲特育有一女两子，姐弟三人在人生道路的选择上很自由。这并非是因为巴菲特一心忙于工作，不关心自己的子女，而是因为在这个富爸爸眼里，让孩子们知道“做自己”的重要性并学会选择自己的道路，比继承一笔大额财产更重要。

以巴菲特的儿子彼得为例，他决心以音乐作为毕生事业并早早开始独立生活，他要负担音乐室的开销和房贷的压力，与普通年轻人一样在为工作和生活打拼。他从 19 岁就不再从父亲那里获得任何资助，只能通过自己的作品来维持生活并体现自身价值。彼得说，自己很幸运能够生在巴菲特家族里，这并非因为物质，其实他从小并没有享受到过多的物质，而是他接受到非常好的家庭教育，从父亲身上学到人生哲理。彼得也确实通过自己的努力，收获到了属于自己的成功，他成为一名优秀的作曲家，并赢得了美国电视界最高荣誉。

许多家境宽裕、衣食无忧的孩子往往因为父母过多的保护与干涉而失去了掌握自我的能力，遇事只会选择逃避，不敢面对。而巴菲特则重视对孩子独立能力与为人处世的培养，这在今天看来都十分有借鉴意义。相信阅读本书后，你能了解到巴菲特在人生、事业、处世等方面给子女的忠告，并得到启发。

2020 年 7 月

目　录

CONTENTS

第七章　自律 + 机遇：做一个追求成功的孩子

第八章　亲情 + 友情：做一个有爱心懂感恩的孩子

第一章

梦想 +勤奋：做一个敢想敢做的孩子

忠告1　喜欢的就是最好的

喜欢的就是最好的。

——巴菲特

巴菲特曾经说过："我一直认为，自己喜欢的就是最好的，不管是对人，还是对事。因为我喜欢，我一定会倾注我的全部感情去面对，所以，最终的结果对我来说，都不是那么重要了，我只需要那个喜欢的过程。"但是，当有一天，他的儿子面对选择梦想还是接受现实时，他却犹豫了。

在一个寂静的夜晚，巴菲特坐在窗前看着外面如水的月色，作为一个父亲，他的内心有一些不平静。如果说在证券市场上，他永远是一枚最坚定的棋子，那么此时的他，已经无法让自己平静了，因为他的儿子霍华德，正面临着人生的一次重要的抉择——退学。而且，霍华德把自己关在屋子里已经两天没有出来了。

如果一个父亲能够冷静地面对孩子的退学，他的豁然一定不是常人能够比的。最起码，在很多人看来，孩子成才的途径是来自于学习。放弃学业，就如同放弃了看起来非常美好的前程，从一条光明的大道上拐进了羊肠小道。

所以，一向对孩子的教育非常宽松的巴菲特，也开始为他的儿子霍华德犯愁了。

于是，有了下面的谈话。

“嘿，小伙子，说说你的想法吧。”

“哦，爸爸，我真的不想再继续我的学业了，在学校的每一天对我而言都是苦难的一天。 我不知道我该干些什么。”

“嗯，我了解，这段时间你表现出来的状态等于对大家说，你自己的人生已经彻底失败了。 实际上根本不是这样，人的一生中总会遇到各种挫折，也许我们会屡次被挫败，但可以因此将人生的道路转换到新的更理想的方向去。

“有许多年轻人现在碰到和你完全一样的障碍，放弃了自己所希望的人生追求。 他们泄气地说命运太残酷了，从而渐渐变得胆小，这是很遗憾的。 重要的不是去造就我们人生的客观变故，而是我们如何去应对这些变故，构筑各自的人生，不能被命运阻挡道路。 处于困境的时候，你要向命运挑战，拒绝失败。 当然，死心是很容易的，许多人在日常生活中已证实了这一点。 可是，这些人大概都不是像你所希望的如同参天大树威风凛凛地昂首阔步的人。 拒绝失败的人如果被一个地方拒之门外，他们会继续敲下一扇门，一次接着一次，直到有接纳他们的地方。 在年轻的时候就学会这一点的人，必定在不久的将来会获得极大的成功。 霍华德，外面阳光很好，我们到花园去走走好吗？”

看到霍华德点头表示同意，巴菲特感到如释重负，因为霍华德终于肯走出房间，到花园里去了。 卡莱丝正在那儿摘玫瑰花，远远地对他们打招呼：“先生、霍华德，你们好啊！”霍华德终于笑了，巴菲特对霍华德说：“你看，卡莱丝总是那么高兴，儿子，我们不可能都成为国王或女皇，我们真的当不了的，仅此而已。但如果有积极应对人生‘波折’的思想准备，其他希望几乎都在你双手够得着的范围内。‘我要胜利，我要胜利，我要胜利！’要这样反复地对自己说。不久，你的思想会自动地指挥下一次应该采取的行动，拿出必要的决策。

“可以问一问成功的人，怎样才能建立那种‘地位’？他们会告诉你关于忍耐力、挑战和常常为了达到梦想所必须采取的迂回路线。你虽然未能进入理想的大学，但是，也许正由于这种迂回而得到意想不到的好结果，对于所有的挫折都能这样说。为此，只要从你心里去掉‘失败’，今后不要在你心里存在‘失败’就行了。

“去找一找迂回路吧。虽然没有路标，但在绊倒你的石头或树桩附近一定可以找到。”

作为父亲的巴菲特，用前瞻的眼光来判断儿子的未来，

没想到，他的判断竟然是如此的自信！他支持了自己儿子的决定——退学。

“成就一番伟业的唯一途径就是热烈地爱自己的事业。如果你还没能找到让自己热爱的事业，那就继续寻找，不要放弃，跟随自己的内心，总有一天你会找到的。”

因此，霍华德能在十年后自豪地说：“热爱你的工作吧！如果你不热爱你的工作，你很难做好任何一件事情。把成功的热情和败者的愚钝做一下比较，你就会对自己的工作有一个全新的认识，它在大千世界中的位置，没有你想象的那么微不足道，你的工作不应该没有价值，学着热爱自己的工作就是学会尊重自己。”

是的，一个人所从事的工作，是他获得幸福的源泉，是他的理想所在，是他对待人生的态度的体现。工作将填满你的大部分人生，人生唯一能获得真正满足的方法就是——做你相信是伟大的工作，而伟大的工作是你所热爱的事业。我们可以从工作中释放自己的热情、释放自己的能量、释放自己的智慧，来获取一份快乐，一份成功。

忠告2　人生的乐趣在于有意识的冒险

人生的乐趣在于有意识的冒险。

——巴菲特

这一天，巴菲特家中来了一位客人，他就是迈克尔·艾斯纳——迪士尼公司的首席执行官。艾斯纳也是巴菲特的儿女们除了父亲之外最佩服的人之一，这源于艾斯纳身上的冒险精神。如果说起艾斯纳的辉煌往事的话，巴菲特的儿女们可是如数家珍。

迈克尔·艾斯纳，担任了迪士尼公司21年的首席执行官。1984年，这家多年低迷不振的企业正处于群龙无首的混乱状态中，主题公园逐渐失去生气，米老鼠和唐老鸭几乎成了久远的记忆。迈克尔·艾斯纳就在此时来到了迪士尼的城堡。

迈克尔·艾斯纳不是一个赌徒，但是他很喜欢接受挑战。他接管迪士尼本身就是一种有意识的冒险。他在派拉蒙电影公司的成功实际上已经使他达到了事业的巅峰，但是他却在沃尔特这个传奇式奠基人物去世后，毅然决然地接手了逐渐走下坡路的迪士尼公司。许多人都怀疑是否有人能够填补沃尔特留下来的空白。艾斯纳接受这个挑战，既不是出于鲁莽，也不是出于天真。相反，他确信，自己的能力与这家公司的传统适应，所以他接受了这份工作。

接手迪士尼以后，艾斯纳通过一系列大刀阔斧的改革，包括疯狂发展以品牌带动的产品销售、升级迪士尼乐园、开设生产非G级电影的影视部门等行之有效的举措，在几年之内使迪士尼成了行业的领头羊，《狮子王》《美女与野兽》《风中奇缘》行销世界各地。他还通过步步为营的收购使迪士尼扩张到电视业和出版业，成为巨无霸式的跨媒体集团。

艾斯纳似乎很喜欢梦想和挑战，总是有意识地冒险，挑最难的事情去做。在力挽狂澜地把迪士尼从衰落中振兴起来之前，这位娱乐界的奇才已经扮演过两次救世主的角色：20世纪70年代，他令几乎走入末路的美国广播公司扭亏为盈，重新焕发勃勃生机；20世纪80年代，他执掌派拉蒙电影公司，把这家制片厂从好莱坞六大公司的末席带到了首位。

艾斯纳的敢想敢做和冒险精神有点儿出乎所有人的预料。首先，他批准了一项完全不属于迪士尼风格的电影脚本，即《贝佛利山奇遇记》。这是一部R级电影，与迪士尼公司以前传统的家族式电影风格格格不入。而且，这种事情越来越多，他甚至还专门开设了一个新的影视部门来生产这类与原来风格不同的电影。但是，事实证明艾斯纳就像沃尔特·迪士尼一样具有非同寻常的对观众口味的直觉。《贝佛利山奇遇记》《无情的人》及其他一系列电影的成功就证明了艾斯纳的选择没有错。

艾斯纳另一个惊人的举动是，他选择在纽约一个非常俗气的时代广场附近，将一家拥挤破旧的剧院改造成一家可以上映迪士尼影片的剧院，并把《狮子王》带到了百老汇。对于这个项目，当时几乎所有人都不看好，但是令人惊奇的是，艾斯纳竟然真的成功了，而且连续几年这个剧院的收入都相当可观。

艾斯纳还做出了一个更加疯狂的大胆举动。他计划用8年的时间，投入8亿美元建造一个动物王国。这个在佛罗里达州建立的动物王国，占地约2.19平方千米，放养了1000头野生动物，他还精心创作了一个供这些野生动物生存的“非洲草原”。这个动物王国并不是严格意义上的迪士尼风格，它有悖于迪士尼的传统，公园里面放养的是野生动物而不是动画人物，甚至还会让人彻底忘却迪士尼的特点。“它基本上是反迪士尼的。”负责这家公园的工程师乔·罗德在接受某时尚杂志采访时这样说。

但是并不是说这里没有迪士尼，迪士尼仍然出现在创造魔术中。艾斯纳非常注重计划和细节，你只需要看一看这个

8 年的计划和对动物乐园细节方面所投入的 8 亿美元，就可以看到这个动物乐园的细节是如此令人信服，以至于一位南非驻美国的大使对《时代周刊》这样说道：“这是一个丛林王国，这是我的家。”

这个动物王国于1998 年 4 月开放，并且获得了巨大的成功，这是集现实和娱乐于一体的典型的迪士尼式的成功。

巴菲特曾经这样评价艾斯纳的行为：“如果一个人只是单纯地喜欢为一些革新的想法而有意冒险，却没有实现这些想法所需的手段，那这个冒险是没有意义的。”但艾斯纳却不同，在他的领导下，迪士尼遵循其奠基人的坚实信仰，在实施任何想法和计划中实行宏观的、严格的计划，并且对细节分外重视。艾斯纳如同唤醒迪士尼这位睡美人的王子，他拯救了这个魔幻王国。

正如巴菲特所说：“真正的聪明人，总是挑最难的事情做，找最苦的地方待！”

也许你会说，只有疯子和傻子才会做出这样的选择，才会有这样不切实际的梦想！是呀，我们每个人梦想的都是“钱多事少离家近”的工作，每个人都想过温暖舒适的日子，追求快乐安逸、逃避痛苦是人的本性。不过，这种“最难”“最苦”的事情，总得有人去做，而且往往只有克服了这些“最难”“最苦”的人，才能实现成功，而那些享受安逸的人，注定一辈子碌碌无为。

最难、最超乎想象的事情都做过，还有什么事情不能做？最艰苦、最艰难的地方都待过，还有什么地方不能待？

忠告3　坚持自己的梦想

记住辛普森一家给我们的启示。

——巴菲特

这一天，苏茜问巴菲特："如果让您选择美国历史上最成功的动画片，你会选择哪部？《超人》？《蝙蝠侠》？《唐老鸭》？《蜘蛛侠》？"

"都不是，"巴菲特说，"我最认可的是《辛普森一家》，这是一部伟大的现实主义动画。"

《辛普森一家》是美国电视史上播放时间最长的动画片，共416集。《时代》杂志在2000年将之题名为20世纪最伟大的电视节目。它对于流行文化的影响至今无可比拟。

这部动画片的核心是一个普通的美国中产家庭——一对中年夫妇和三个孩子。

男主人荷马，当地核电站的一个技术员。女主人玛姬，一个普通的家庭妇女。儿子巴特是一个调皮捣蛋的10岁男孩。大女儿丽萨是一个聪明好学的8岁女孩。小女儿玛吉才3岁，只会吮吸奶嘴。

荷马高中没有毕业，靠政府改革才进入当地的核电站工作，他是个头脑简单脾气暴躁的典型人物，爱吃所有的甜面包圈、烧烤，以及一切高热量食物，生活中离不开啤酒和电视。而他的爱好就是睡觉和吃点心，并且喜欢掐儿子脖子。

他没有理想吗？不，他有过很多理想。他曾经是一名著名乐队的歌手，并且是重金属音乐的推崇者，他多才多艺，还曾是个优秀的演说家，也曾是当地一家棒球队的队员。他还一直梦想拥有一支橄榄球队。他曾尝试过辞去核电站的工作去当一个保龄球馆的清洁工。

但是这些理想都被他搁置了起来。他的第一个孩子出生时，他被迫买了一套房子，然后把他父亲送进养老院。他拿买空调的钱给孩子买萨克斯管。他被迫放弃摇滚，因为他需要工作。他为了满足女儿希望有一匹小马的愿望，他同时干三份工作。

因为内心的空虚和无助，他每天晚上都去当地的一家酒馆喝酒，这里面的人多数都是很失败的人。只有在这里，他才不会感到痛苦。

玛姬是荷马的高中同学，年轻、漂亮、善良。她和荷马结婚以后主动当了家庭妇女，在家里照料公公、孩子和自己的丈夫。她每天的工作都在重复，抱着小女儿给公公理发、去超市买东西、做家务。

她没有理想吗？她在高中的时候是一个激进的女权运动主义者，经常发表演说，荷马正是因此爱上她的。她有一头染成蓝色的头发，发型固定成竖着，这也是她独特性格的展示。她热爱绘画，天赋很高。她热爱歌剧和芭蕾，可是荷马从来不陪她去看。

玛姬为了这个家庭，放弃了外出工作的机会，放弃了打扮自己的时间，能够容忍丈夫的一切缺点，也能够同情原谅周围的人。

巴特还是一个10岁的小男孩，由于辛普森一家特有的男性愚蠢基因，他很不幸，从8岁开始逐渐变得愚笨。之前，巴特是一个很聪明的男孩，但是现在的他则是一个学习很差劲、只会调皮捣蛋的学生。

只会恶作剧的巴特没有理想吗？不，他有理想。他希望滑板技术能超过所有人，他希望可以不用上学，而是去鸟语花香的地方。他希望站在房顶手拿棒球棍保卫自己的家不受UFO的袭击。他希望自己的父亲不傻。可是他只能待在教室里，盯着黑板上他根本不懂的东西。

丽萨则是一个彻头彻尾的理想主义者，正因为她是理想主义者，所以剧作家才把她定为8岁。因为剧作家希望告诉人们，人需要面对现实，理想是孩子们的玩具。

丽萨希望能拿诺贝尔和平奖，能当上美国总统，能制止所有邪恶，人们不再屠杀动物。但是她的理想只是幻想，她没有朋友，她总是忍受别人的嘲笑，她甚至还要小心翼翼地吹她的萨克斯管，因为她爸爸喜欢。

最小的女儿玛吉从小很聪明，当父亲不管她的时候，她就开始实施自己的“探险计划”。可是长大以后却成了一个小太妹。

《辛普森一家》告诉我们什么？里面出现的所有角色，都怀有美好的梦想，可是出现在镜头前的他们，不论是总统，还是无业游民，他们都是一个个现实的人，为了现实，他们都放弃了美好的梦想。所以，我们应该敢于坚持自己的梦想，这样才不会被现实击败。

忠告4　倒下去，再站起来

倒下去，再站起来。

——巴菲特

彼得小的时候，喜欢当时风靡美国的棒球运动，他还参加了学校的棒球队，在一年的暑假代表学校去参加全纽约的比赛。当时巴菲特全家都非常兴奋，苏西甚至动员了她的同学去充当彼得的拉拉队。

在半决赛的时候，彼得所在的学校遇到了劲敌，遭遇了失败，这让彼得的同学和家人都非常地失落，当然，最失落的当数彼得了。巴菲特不愿意看到彼得这么伤心，于是在回家的路上，给他讲了这么一个故事来鼓励彼得。

一个孩子十五六岁了，虽然长得高高大大，但是一点男子汉气概都没有。他的父亲为此很烦恼，于是决定把孩子送到一家武术馆进行严格的训练。

空手道教练对这位父亲说："你放心吧，三个月后你再来，你将会看到一个真正的男子汉！不过，我希望你在此期间不要来看他。"这位父亲同意了。

三个月很快就过去了。父亲来了，教练特意安排了一场比赛，让这位父亲看看孩子训练的成果。一个年龄大一些的选手一出手，孩子便倒在了地上，但是很快他又站了起来，精神抖擞地迎接对手的挑战。在这场无情的比赛中，父亲胆战心惊地看到儿子一次次倒下去。

“没想到训练了三个月，他竟然还如此不堪一击，哪里有男子汉的气度！”父亲失望地叹息说。

“不！你儿子是最优秀的！我数了，他倒下去了 11 次，但是他站起来的次数是 12 次，他的勇气和坚持在这里没人能比。难道你不觉得他是个男子汉吗？”

父亲的眼睛湿润了，儿子又一次倒下去，但是他始终坚持爬起来，寻找着还击的最佳时机。

人们很容易看到表面的胜负，却很少注意内在的精神和力量。人的一生不可避免地会遭遇失败，没有人生来就是一帆风顺。当一次又一次的失败袭来后，很少有人能保持平稳

的心态、长久的耐心和坚韧的自信心。一次次被打倒之后，仍然能够对自己说“重来”的人其实已经成功了，因为他拥有百折不回的拼搏精神，拥有不服输的进取心，拥有永不放弃的执着力，拥有面对挫折的忍耐力和自信心。只要站起来的次数比倒下去的次数多一次，就是一种足以震撼人心的气概，就是一种成功。

人类生来就没有翅膀，就注定不能到空中遨游了吗？不！正因为人们不断地开发和升华自己，人类才发明了飞机，飞上了天空。其实你可以善于言谈，你可以成为作家，你可以知识渊博，你可以……只要你愿意不断提升自己、挖掘自己、开拓自己，你就会到达另一番境界。

所以，彼得，一次失败没有关系，没有哪个人能够始终一帆风顺，但是如果你能不惧怕失败，振作起来，你就必定会成功。

彼得在听完这番话后，立马振作了起来，并把这个故事讲给了他的队友们。果然，在接下来的一次比赛中，他们打败了对手，进入了决赛。

忠告 5　把能做的事情尽量做好，这就够了

把能做的事情尽量做好，这就够了。

——巴菲特

苏茜特别崇拜她的一个同学，这名同学是一位非常优秀的女生，哈佛毕业后进入瑞士银行一步步做到高管，事业非常成功，而且在人际关系方面也是长袖善舞，受到很多人的喜爱。每次同学聚会回来，苏茜都要感慨一番这个同学最近又有什么成功的发展，言辞间特别羡慕。

所以她下定决心想要超越这个同学，可是每下一次决心，三两天之后就放弃了，反而把自己原先做的事抛在了脑后。巴菲特怕苏茜越比越自卑，也怕她不能坚持自己要做的事情，这一天，他同苏茜说了这么一番话。

巴菲特认为，人的成功不在于优秀的项目有多少，而在于一个决心能坚持多久，把能做的事情尽量做好，这就够了。

有些人想做一些事情可是却做不到，只能羡慕那些有能力的人。但是，只是羡慕却不去做，又怎么确定自己做不到呢？遗憾的是，羡慕别人的人，很少懂得尝试。

与其在那里羡慕，还不如安下心来，坚持做些实事，弥补能力和知识的不足。

我们每个人的天赋和能力都不同，每个人会有不同的发展方向，这不是个人所能左右的。但是我们可以凭自己的努力，把自己的能力发挥到更近完美，把能做的事情尽量做好，这就够了。

报纸上说，克里姆林宫有位尽职尽责的老清洁工，她说："我的工作同叶利钦的工作差不多，叶利钦是在收拾俄罗斯，我是在收拾克里姆林宫。每天做好自己该做的事。"她说得那么的轻松自然，很使人感动，也很令人深思。

生活中的我们每天也都在忙碌的"收拾"中活着。往大处说，国家的事、公司的事；往小处说，家里的事、朋友的事、柴米油盐鸡毛蒜皮的事。

克里姆林宫的老清洁工在达官显贵面前是地位最低下的平民百姓，可是她并不自卑，而且还幽默地把自己的工作与叶利钦的工作相提并论，足见其心胸的豁达与坦荡。一国元

首也好，普通公民也罢，他们都在做自己该做的事。

在几乎所有的考试辅导班里，或者是被问到任何关于考试的技巧问题时，教师都会说下面一个技巧：先做完会做的题，并且确保会做的题目绝对不会出任何差错。这种办法事实上也就是我们所说的“把能做的事情做好”，把会做的题目正确地做出来，这才能确保你的考试成绩符合你的真实水平，才不会在有把握的事情上马失前蹄。

有句俗语叫作“淹死的都是会游泳的”，为什么淹死的都是会游泳的？因为他们认为他们会游泳，所以在水中不自然地就会产生轻视的心态，往往就是这种轻视大意的心态害了自己的性命。而不会游泳的人，根本就不下水，即使下水，也会做好足够的防护措施，死亡的概率反而降低了。

把能做的事情做好，是要求我们要有脚踏实地、坚持不懈的作风，一步一个脚印，认认真真完成每一个自己可以做好的事情，坚持做下去，能做到 100 分，绝对不做到 99 分就结束。只有这样，才能为日后的发展打下坚实的基础。

所以，巴菲特对苏茜说，一个人的能力有限，即使很多时候做出了自己最大的努力，也不能完成一些事情。这个时候，人不能失望，也不要沮丧，因为人已经做到了自己所能做到的一切，已经没有遗憾了。

◇ 梦想＋勤奋 ◇

人生唯一能获得真正满足的方法就是——做你相信是伟大的工作，而伟大的工作是你所热爱的事业。

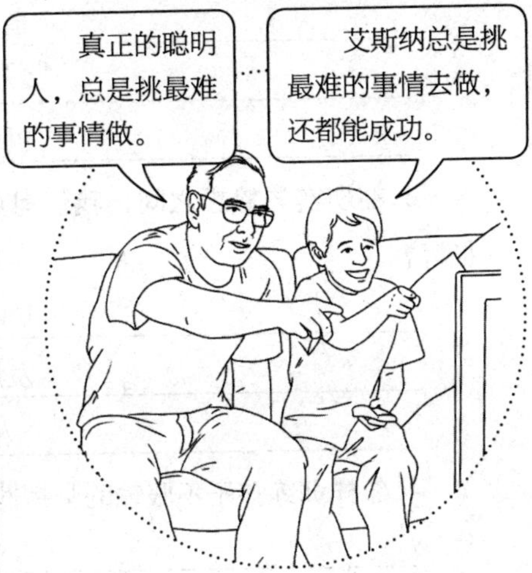

最难、最超乎想象的事情都做过，还有什么事情不能做？最艰苦、最艰难的地方都待过，还有什么地方不能待？

只要站起来的次数比倒下去的次数多一次，就是一种成功。

高情商家教思维

1. 对于巴菲特支持自己儿子退学这件事你怎么看？ 如果你遇到类似的问题，你如何做？

____

____

____

2. 面对机遇和危险，如何使孩子做出正确的选择和决断？

____

____

____

3. 在现实与梦想之间，我们可以给予孩子什么样的有益指导？

____

____

____

4. 怎样训练孩子不服输的坚韧性格？ 你试过哪些方法。

____

____

____

5. 把事情尽量做好，怎样把做好的尺度正确传递给孩子？

____

____

____

第二章

自信 + 卓越：做一个活出自己精彩的孩子

忠告1　做一个内心强大的人

做一个内心强大的人，这样的话，你的世界也会很大。

——巴菲特

巴菲特的三个孩子在长大以后，巴菲特对他们在经济上的帮助不是很大，但是却时时刻刻在精神上指引着他们不断前进。巴菲特最希望的一件事就是，有朝一日，孩子们能真正成长起来，完全独立，成为一个个内心强大的人。

他给孩子们讲了这样一个故事：

丽莎是来自美国阿肯色州的学生，也是她所在镇里唯一来哈佛读书的人。在她准备启程到哈佛大学读书前，当地的人都为她能到哈佛上学而感到自豪，她自己也庆幸能有这样好的机会。

但是，丽莎的兴奋劲还没过，就忽然对自己的感觉越来越糟糕了。她在哈佛过得很辛苦，上课听不懂，说话带土音，许多同学都知道的事自己却一无所知，而许多她知道的事同学们却又觉得好笑。她开始后悔到哈佛来，不明白自己为什么要来受这份羞辱，同时更加怀念在家乡的日子，在那里，可没有人瞧不起她。

感到孤独无比的丽莎，觉得自己是全哈佛最自卑的人。无奈之下，她求助于心理医生。

心理医生对她是这样诊断的：

她已跨入了个人成长的“新世纪”，可她对已经过去了的“旧世纪”仍恋恋不舍。

她对于生活的种种挑战，不是想方设法加以适应，而是缩在一角惊恐地望着它们，哀叹自己的无能与不幸。

她对于能来哈佛上学这一辉煌成就已感到麻木不仁。她的眼睛只盯着当前的困难与挫折，没有信心去再造就一次人生的辉煌。

她习惯了做羊群中的骆驼，不甘心做骆驼群中的小羊。

她以高中生的学习方法去应付大学生的学习要求，自然是格格不入，可她抱残守缺，不知如何改变。

她因为自己来自小地方，说话土里土气，做事傻里傻气，就认定周围的人在鄙视她、嫌弃她。可她没有意识到，正是因为她的自卑，才使周围人无法接近她、帮助她。

她生长在中南部地区，来东海岸的波士顿求学，面临的是一种乡镇文化与都市文化的冲突，她没有想到，哈佛对她来说，不仅是知识探索的殿堂，也是文化融合的熔炉。

她身材瘦小，长相平常，多年来唯一的精神补偿就是学习出色。可眼下，面临来自世界各地的“学林高手”，她已再无优势可言。

她长相平常，学习又平庸，这就彻底打破了她多年的心理平衡点，使她陷入了空前的困惑中。她悲叹自己来哈佛是个错误。可她忘了，多年来，正是这个哈佛梦在支撑着她的精神。她虽然战胜了许多竞争对手进入哈佛大学求学，却在困难面前输给了自己的妄自菲薄。

她怨的全是别人，叹的全是自己，难怪她会在哈佛有自卑的感觉。她只有跳出往日光辉的“怪圈”，全身心投入“新世纪”，才能重新振作起来。

总而言之，丽莎的问题核心就在于：她往日自以为是的优点消失了，她的内心极其自卑，她急需让自己的内心强大起来。

为此，不服输的她为自己确定了恢复强大的两个步骤：

1. 宣泄不良情绪，调整心态，积极地面对新生活

丽莎陷入自卑的沼泽中，认定自己是全哈佛最自卑的人，这说明她过于放大了自己精神痛苦的程度，看不到自己在新环境中存在的价值。她当前面临的困难是她人生中前所未有的，所以她反映出来的情绪也是很自然的。同时，她也逐渐明白，对哈佛的不适应，产生种种焦虑与自卑反应，这在哈佛很普遍，她并非是一个人。这使丽莎产生了“原来很多人也和我一样啊”的平衡感。

2. 把比较的视野从别人身上转向自己

丽莎的自卑是在与同学的比较中形成的，她感到自己处处不如别人，事事都不顺心，因而觉得自己好像是天鹅群中的丑小鸭。她在来哈佛大学前，学习成绩一直很好，但到哈佛后最好的成绩只不过是 4 分。

以前，从来都是别人向她请教，但现在，却是她要经常向别人请教。因此，丽莎当初那份引以为自豪的自信已荡然无存。原先，丽莎一直是教师心目中的得意门生，校园里的风云人物，众人羡慕的对象，可如今，她已成为校园里最不起眼的人物。

这一系列的心理反差，使丽莎产生了自己是哈佛大学多余的人的悲叹。她没有意识到，自己之所以会有这样的心理反差，是因为以往与同学的比较中，她获得的尽是自尊与自信；但现在与同学的比较中，她获得的尽是自卑与自怜。

丽莎懂得了在新的环境里要学会多与自己比，而不与别人比。如果一定与别人比的话，还要透视到别人在学习成绩、意志等方面不如自己的一面。

丽莎参加了一个由哈佛本科生组成的学生电话热线，让丽莎在帮助别的同学的同时，也结交了不少新的知心朋友，更重要的是，丽莎在帮助他人的过程中，重新感到自信心在增长，感到哈佛大学需要她，她不再是哈佛大学多余的人了。她的内心终于强大起来。

巴菲特讲完这个故事，说："其实，丽莎有可能是你、是我、是我们身边每一个普通人，每个人都会遇到自己不自信的时候，你不可能改变你所处的世界，但是，我们一定要让自己的内心强大起来，这样，才能更加勇敢地面对生活。"

忠告2　消除自卑感，充满信心地努力

只要消除了自卑感，充满信心地进行努力，你就能克服一切障碍，适应任何环境！

——巴菲特

巴菲特说过：“面对外来的各种挑战，应学会舒展愁眉，全力应对。”生活中，时时处处会遇到各种挑战与障碍，每个成功的人，都是将其打败的人。

巴菲特特别推崇的著名作家惠特曼正是这样。

1842年3月，在百老汇的社会图书馆里，著名作家爱默生的演讲激发了年轻的惠特曼：“谁说我们美国没有自己的诗篇呢？我们的诗人文豪就在这呢！……”这位身材高大的当代大文豪的一席慷慨激昂、振奋人心的讲话使台下的惠特曼激动不已，热血在他的胸中沸腾，他浑身升腾起一股力量和无比坚定的信念，他要渗入各个领域、各个阶层、各种生活方式，他要倾听大地的、人民的心声，去创作新的不同凡响的诗篇。

1854年，惠特曼的《草叶集》问世了。这本诗集热情奔放，冲破了传统格律的束缚，用新的形式表达了民主思想和对种族、民族和社会压迫的强烈抗议。它对美国和欧洲诗歌的发展起了巨大的影响。

《草叶集》的出版使远在康科德的爱默生激动不已。国人期待已久的美国诗人在眼前诞生了！他给予这些诗以极高的评价，称这些诗是“属于美国的诗”“是奇妙的”“有着无法形容的魔力”“有可怕的眼睛和水牛的精神”。

《草叶集》受到爱默生这样很有声誉的作家的褒扬，使得一些本来将它评价得一无是处的报刊马上换了语气，温和了起来。但是惠特曼那创新的写法，不押韵的格式，新颖的思想内容，并非那么容易被大众所接受，他的《草叶集》并未因爱默生的赞扬而畅销。然而，惠特曼却从中增添了信心和勇气。1855 年底，他印刷了第二版，在这版中他又加进了 20 首新诗。

1860 年，当惠特曼决定印刷第三版《草叶集》，并将补进些新作时，爱默生竭力劝阻惠特曼取消其中几首刻画“性”的诗歌，否则第三版将不会畅销。惠特曼却不以为然地对爱默生说：“那么删后还会是这么好的书吗？”

爱默生反驳说：“我没说‘还’是本好书，我说删了就是本好书！”

执着的惠特曼仍是不肯让步，他对爱默生表示：“在我灵魂深处，我的意念是不服从任何的束缚，而是走自己的路。《草叶集》是不会被删改的，任由它自己繁荣和枯萎吧！”他又说：“世上最脏的书就是被删减过的书，删减意味着妥协、投降……”

第三版《草叶集》出版并获得了巨大的成功。不久，它便跨越了国界，传到英格兰，传到世界许多地方。

巴菲特经常与儿女一起朗诵《草叶集》，每当结束的时候，他都会用惠特曼的事例来鼓励自己的儿女。

巴菲特说："只要看准了，就要充满自信，敢于坚持走自己的路。"

忠告3　任何人都没有理由自卑

任何人都没有理由自卑。

——巴菲特

一个人失去自信好比失去了一颗跳动的心，人最悲哀的事情就是自卑。人在自卑的情境下，任何原本能做到的事情也会变得异常艰难。

巴菲特给两个儿子讲过这样一个故事：

从前有个人相貌极丑，街上的行人常常会不由自主地转过头对他多看一眼。他从不修饰，到死都不在乎衣着，窄窄的黑裤子，伞套似的上衣，到死都戴着一顶窄边的大礼帽，仿佛要故意衬托出他那瘦长的个子，走路姿势也相当难看，双手晃来荡去不知道放在哪里才合适。

他是小地方的人，直到临终，甚至已经身任高职，举止仍是老样子，仍然不穿外衣就去开门，不穿外套就去公众场合，总是讲不得体的笑话，总是在公众场合忽然忧郁起来不言不语。无论在什么地方，法院、讲坛、国会、农庄，甚至于他自己家里，他处处显得无所适从。

他不但出身贫贱，而且身世蒙羞，作为私生子，他一生都对出身非常敏感。

没人出身比他更低，但也没有人比他升得更高。

他后来当选美国总统。这个人就是林肯。

如果一个人有这么多的弱点而不去补偿，难道也能获得林肯那样的成就吗？

原来，林肯并不是用每一个长处抵每一个短处以求补偿，而是凭伟大的睿智与情操使自己凌驾于一切短处之上，置身于更高的境界。

林肯一生都在用拼命自修的方式来克服早期的障碍。他在烛光、灯光和火光前读书，读得眼球在眼眶里越陷越深，眼看着知识无涯而自己所知有限，总是感觉沮丧。他填写国会议员履历表，在教育程度一项内填下的竟然是“有缺点”。

林肯的一生不是沉浸在自卑中，而是对一切他所缺乏的方面进行全面补偿。他不求名利地位，不求爱情与婚姻美满，集中全力以求达到更高的目标，他渴望把他的独特思想

与崇高人格里的一切优点奉献出来，造福人类。

其实，自卑是由于一种过多地自我否定而产生的自惭形秽的情绪体验。其主要表现为对自己的能力、学识、品质等自身因素评价过低；心理承受能力脆弱，经不起较强的刺激；谨小慎微，多愁善感，常产生猜疑心理；行为畏缩、瞻前顾后等。在任何年龄和各种各样的人身上都可能存在这种心理缺陷，它使人们不能正确地认识自己的价值，因而产生更多其他的困扰。

比如说，德才平平，生命未闪现出辉煌与亮丽，往往容易产生看破红尘的感叹和“流水落花春去也”的无奈，以至把悲观失望当成了人生的主调；经过奋斗拼搏，工作有了成绩，事业上创造了辉煌，但总担心风光不再，容易产生前途渺茫、四大皆空的哀叹；随着年龄的增长，青春一去不回头，往往容易哀怨岁月的无情和发出红日偏西的感慨。

其实，强者不是天生的，强者也并非没有缺陷和短处，强者之所以成为强者，在于他善于战胜自己的软弱，修正自己的短处。

任何人都没有理由自卑，要坚信自己就是命运最宠爱的那个人！自信心能把自己变得伟大。

忠告 4　永远不要做一个甘于平庸的人

永远不要做一个甘于平庸的人。如果你目前还不是一个成功的人，那是你还没有激发出自己的潜力。人只要发挥出自己最大的能力，成功离自己就不远了。

——巴菲特

巴菲特的三个孩子令人惊奇，他们三个都考上了大学，但是却没有一个圆满完成自己的学业。尽管这与巴菲特宽松的教育方式有关，但是作为一个父亲，他的心里还是有些焦虑和惋惜的。所以在以后的日子里，他希望自己的子女都能成为非同寻常的人。

学习对于巴菲特的三个孩子来说，并不是吃力的事情。但是，他们好像并没有严格要求自己。在他们三个看来，学习的目的就是能够考上大学这么简单。他们学习就像是为了完成一个任务，没有目标，没有渴求，有的只是按部就班地上学、放学。

而这，是巴菲特绝不允许的。他告诫孩子们世上没有完美无缺的人，但确实有伟大和平庸之分。巴菲特希望他们时刻注意突破自己、打破平庸，不能在平凡的日子做平庸的人。巴菲特要求子女都为自己设定一个人生目标，并在以后的日子必须为自己的目标全力以赴。他并没有要求他们一定要做跟他一样的事情，一定要达到他当前的成绩，但是最起码他们都不能甘于平庸。

一个心甘情愿想要过平庸生活的人，就是一个没有生活目标、没有理想追求的人。这样的人，他活着有什么意义呢？巴菲特告诉子女，对这样的人，他向来是不推崇的，不仅不推崇，反而还有点鄙视。

巴菲特一直强调一种人人平等的观念，但是对于那些平庸的人，他是不屑与之为伍的。因为他有理想、有追求，有为了理想和追求付诸行动的能力和魄力，而那些平庸的人是永远无法做到这一点的。

巴菲特希望自己的子女千万不要把自己定位在一个平庸者的位置上，那样的话就彻底没救了。人生应该是有希望和目标，他们不应是一个个傀儡，也不应是一个个玩偶，他们应该有独立的思想。

巴菲特用自己的人生做了一个假设，如果他从小甘于平庸，他会有现在的成就吗？他会对人生有如此的认知高度吗？没有，肯定没有！平庸者的高度与成功者的高度永远不会在同一水平线上。

巴菲特在很小的时候，就抓住了各种让自己实现愿望的机会。随着年龄的增长，他的愿望也在不断变化，但是目标坚定不移。从挣一点点的钱到现在一笔笔的钱，这就是他的目标。他的这个目标一直是他最喜欢的，因为他从小就对金钱有着浓厚的兴趣。为了拥有它，他愿意全力以赴，甚至于明明知道在实现目标的过程中，会遇到很多的困难，但只要目标还在，困难总会在智慧的帮助下一一化解。

上帝给每个人的机遇都是均等的。但是在机遇面前，抓住机遇的永远不是平庸的人。因为平庸的人根本就不相信上帝会给自己机会，即使上帝在他们的耳朵旁边明确告诉他们，他们也会认为这是上帝跟他们开玩笑。这样的人还有谁会喜欢呢？还能有怎样的不凡作为呢？一个无法把握机遇的人是不可能打破自己的平庸，做一个成功者的。

打破自己的平庸，除了要有明确目标，还要付诸行动。巴菲特不想子女们都成为空喊口号的人。在实际生活和工作中，只有那些一直坚持不懈努力行动的人，才最有希望成为不平凡的人。虚喊口号，除了表明自己是一个容易幻想的人之外，就不能表明什么了。所以，为了改变自己的现状，巴菲特要求子女们立刻开始采取行动，为他们各自的目标努力。

要实现自己的目标一定要多读书、多学习，即使不是在学校里，在工作中一样需要持之以恒地学习。当然，学习不是机械地读书，读死书。平庸的人之所以平庸，就是因为他们的脑子锈掉了，他们不知道使用，他们过机械的日子，按部就班地生活，没有创新，没有进取，不会用学习知识改变自己，当然生活就不会改变。而巴菲特的子女，应该是那种脑子在不停使用的人，应该是那些会彻底改变生活的人。这一点巴菲特非常自信。

巴菲特希望看到，子女崭新的一面是朝气蓬勃的，是对一切充满爱的，对周围充满好奇的。只要改变先前那种碌碌无为的状态，他们就做到了打破平庸。

改变自己，从打破平庸开始。我们选择的道路，决定了我们将去向何方，成为怎样的人。唯有时间可以证明一切，我们在寒冬播种下希望，耐心等待着时间来发挥作用。

忠告5　活出自己的精彩就是不平庸

人的生命只有一次，活出自己的精彩，就是不平庸。

——巴菲特

彼得做梦都想成为一名音乐家，但是他的乐谱总是得不到认可，他不禁怀疑自己：“难道我是个庸才？”

他对巴菲特说：“我最不希望看到的就是丢您的脸，让别人说，巴菲特的儿子是个庸才。听到这样的话，我恨不得去自杀，这样平凡地活着太没意思了。”

巴菲特告诉他，其实，活出自己，就是不平庸。

巴菲特告诉彼得，一位知道自己不久将要离开人世的老人在日记本上写下了这段文字：

“如果我可以从头再活一次，我会大胆地尝试更多的错误，至少我不会事事追求完美。

“我会多一点时间休息，随遇而安，处世糊涂一点，而不把大量的时间花在算计将要发生的事情上，更不会处心积虑地想赢得更多的东西。其实人世间有什么事情值得特别斤斤计较的呢？

“可以的话，我会花更多的时间去旅行，跋山涉水，甚至不惜冒险去那些有危险的地方。

“以前我怕对自己的健康不利，冰激凌不吃，豆子不吃，鱼也不吃……可是，现在我是多么后悔，我错过了那么多的美味，只是因为在过去的日子里，我把自己太当作一回事，活得太小心，甚至每一分每一秒都不容有失。现在想来，这样清醒明白的生活缺少了多少趣味啊！

“如果一切可以重新开始，我会什么都不准备就上街，甚至连纸巾也不带一块。我会不带任何顾虑地享受每一分、每一秒。

“如果可以重来，我会赤着脚走在外面的草地上，用身体好好地感受世界的美丽与和谐，多看几次日出和日落。还有，我会去游乐园多玩几圈木马，多和公园里的小朋友玩耍。”

人一生的经验总结最深刻的莫不如此——人生如戏，而这场戏却没有彩排。活出真实的自己，就是最精彩的一出戏，彼得，你觉得呢？

◇ 自信＋卓越 ◇

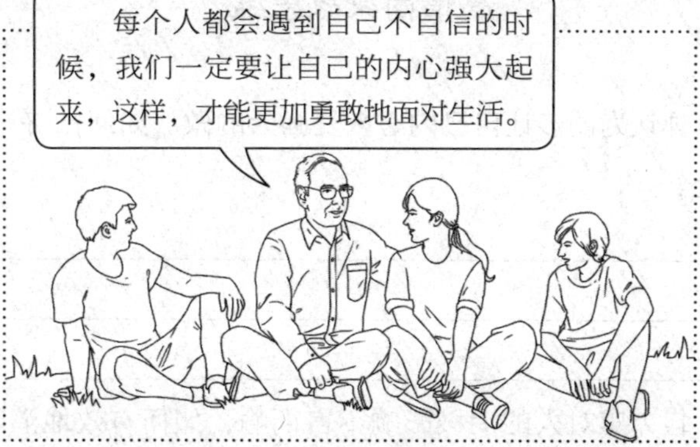

巴菲特最希望的一件事就是，有朝一日，孩子们能真正成长起来，完全独立，成为一个个内心强大的人。

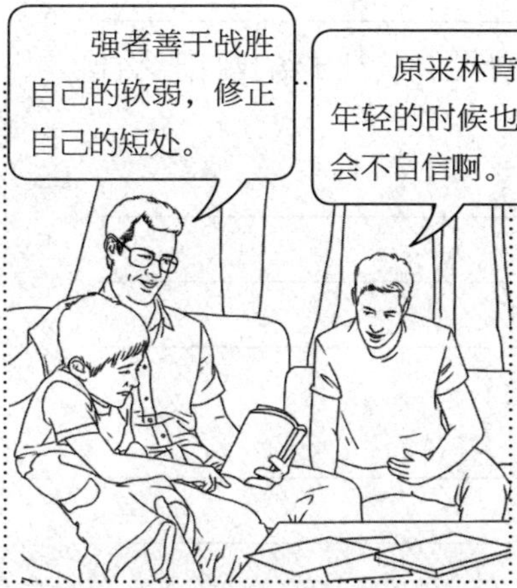

一个人失去自信好比失去了一颗跳动的心。人最悲哀的事情就是自卑。人在自卑的情境下，任何原本能做到的事情也会变得异常艰难。

巴菲特希望自己的子女千万不要把自己定位在一个平庸者的位置上。人生应该是有希望和目标，他们不应是一个个傀儡，也不应是一个个玩偶，他们应该有独立的思想。

高情商家教思维

1. 你认为丽莎让自己内心恢复强大的做法如何？ 有无借鉴之处？

____

____

____

2. 自卑感对人的消极影响不言而喻，如何有效地消除自卑感？

____

____

____

3. 惠特曼在创作中的坚持、执着、不肯让步给我们什么有益的启示？

____

____

____

4. 打破平庸的有效方式是什么？

____

____

____

5. 人生如戏，如何活出自己的精彩？

____

____

第三章

知识 +创新：做一个具有创造力的孩子

忠告1　知识永远不会生锈

知识永远不会生锈。

——巴菲特

知识是最容易保存的东西，而且永远不会生锈。更重要的是，没有任何人能从你的身边把知识夺走。拥有再多的财富都不如拥有没有疆界的知识踏实。

巴菲特应该算是世界上最富有的人之一，他依靠自己丰富的股票知识纵横股市，在知识经济的时代里累积了大量财富，奠定了备受世人艳羡的股神地位。巴菲特为什么能取得如此巨大的成就？培根的话被验证得恰到好处："知识就是财富。"巴菲特自己也认为，他的成功确实离不开当前知识经济的蓬勃发展，更依赖于自己丰富的股票知识。

为什么我们普通投资者看了很多书，却并没有和他一样赚到很多的钱？因为我们的知识很多却很散，像漫天遍野的雪花。而巴菲特是把价值投资作为知识雪球的核心，把所有相关的知识都汇聚在了一起。

在19岁之前，他就把图书馆所有的金融投资书籍都读完了，把所有的发财致富书籍都研究了个遍，也利用了身边所有的投资经商的机会，用了很多时间去做小生意，花了大量的功夫研究技术分析，但并不成功。正如巴菲特自己说的，他到处去滚雪球，滚了很多，但没有一个大的，甚至滚好的雪球最后也碎了。

功夫不负有心人，巴菲特后来读到了价值投资鼻祖格雷厄姆的书《聪明的投资者》，他说自己就像在黑暗中摸索时碰到了指路的明灯，简直就像是一个迷惘的信徒受到了名师指点，一下子就顿悟了。巴菲特马上追随格雷厄姆到其任教的哥伦比亚大学就读 MBA，毕业之后又千方百计争取到老师开办的投资公司上班。巴菲特从此一生以价值投资作为知识雪球的核心。

我们都认为巴菲特的工作是投资，但巴菲特却说他的工作就是阅读。他大量阅读上市公司的年报。同时，他阅读最多的是书籍和杂志。他最爱看的是《华尔街日报》，曾一度跟奥马哈邮局说好，每天半夜报纸一到，先放一份在他窗台上，他有时会半夜起来等着看第二天早晨的报纸。巴菲特坐飞机，从起飞到降落一直都在阅读。巴菲特投资成功的关键是阅读：知识就是金钱。

巴菲特牢牢抓住了当今知识经济时代的特征。他吸收了几位著名投资学家的观点，形成了自己的股票知识体系，从而在股市中稳操胜券。巴菲特尽管支持了儿子霍华德退学的决定，但是在对知识的态度上仍旧坚持自己的观点。他认为知识是没有疆界的，学习也是永无止境的。尽管霍华德已经离开了学校，但是并不表示他就跟知识绝缘了。他告诫儿子，在以后的日子里，要坚持不懈地汲取新知识。巴菲特很少和自己的孩子谈他的投资经，但是他却告诉霍华德，他今天的一切完全是靠自己所积累的知识得来的，而不是靠什么运气。带给他如此巨额财富的不是他的幸运，也不是他的聪明，而是他实实在在掌握的知识。知识可以创造财富，知识也能改变命运。

巴菲特认为，在投资领域没有什么所谓的运气。要投资一个行业，是要经过无数的考察、计算、论证，长时间的跟进研究，才最终决定是否进行投资。要做好一个看起来很容易的投资，没有多方面的专业知识是根本不可能成功的。巴菲特认为，知识永远都不会生锈，生锈的是人的脑子，是那些不会思考、不知道补充新知识的脑子。

霍华德投身农业也一样，必须通过不断学习，才能在自己所从事和喜欢的领域里创造出一番业绩来，要不然他所喜欢的土地也仅仅是一片荒地而已。无论做哪一行，都需要有这一行所独有的专业知识做基础，这是任何一个跨行的人首先必须明白的道理。

农业并不像看起来那么美。霍华德要研究他的土地是什么性质的土壤——是酸性的还是碱性的，这些土壤适合种植什么农作物。分析了土壤的性质，选择好需要播种的农作物了，他知道那些耕地机、播种机、撒药机的使用和操作吗？他会使用它们吗？他能把那些带着他希望的种子播种到肥沃的土地中吗？巴菲特向儿子提出了一系列的问题，要霍华德给出正确的答案。只有心里有了明确的答案，他才可能创造出可观的财富。

霍华德当然不是一个傻瓜，这些都是难不倒他的，但是他也承认父亲的话是正确的，无论什么时候都需要学习。为此，他听从了父亲的劝告，养成了随时学习的习惯，无论田间地头还是丰收的麦场，只要有时间他就坚持看书。

经营一个农场跟经营一个公司有很多相似之处。巴菲特告诉儿子，只有自己相当了解土地的特性，才不会在发生特殊情况的时候手足无措，没有什么比拥有知识更让自己踏实的。一个农场并不算什么大的产业，但是对年轻的霍华德来说就相当于自己的生命。他不仅为此欠了父亲一笔债，而且由于债务的存在，他必须更加努力。

如果他不能掌握关于农业的必要知识，不能将知识科学地运用到农田上，那么万一出现什么状况，也许就会颗粒无收。所以，即使知识已经掌握在自己脑海中，学会如何使用它们同样至关重要。巴菲特告诉霍华德，必须学会使用知识的方法，只有灵活运用知识才能创造出财富，才能改变他欠债的命运。掌握在头脑中的知识就像盛在面盆里的小麦粉，而把它变成面包的酵母和水，则是灵活运用知识的方法，只有让它们完美地糅合在一起然后再进行烤制，才会变出诱人的面包，才能填饱自己的肚子。

巴菲特爱自己的子女，并没有体现在表面上，他对他们的爱通常都是默默的。在霍华德开始了他的农业之路后，有一次巴菲特偷偷去了儿子的农场。看着霍华德沉浸在自己的工作中，虽然汗流浃背却十分专注，巴菲特原本有些犹疑的心终于放了下来。霍华德没有辜负巴菲特，他有足够的实力去实现自己的目标。

忠告2　向不同行业的人吸取新知

向不同行业的人吸取新知。

——巴菲特

作为世界级的顶级富豪之一，他既是千万人的偶像，也是自己儿女们的偶像，大儿子霍华德曾经说过，他最想成为的人就是巴菲特。但是，巴菲特没有眼高于顶，他认为，三百六十行，行行出状元，每个人都可能是他学习的对象。巴菲特是个健谈的人，在学校念书的时候就喜欢和其他科系的、来自不同地方和不同背景的同学聊天，尽管有些科目他没有进修过，但他多少懂一些。在学校的时候，他就像一个在社会上游历了好几年的人，知识非常丰富。

工作后，巴菲特更喜欢和不同行业的人聊天，和同一单位不同部门的人、不同专业的同事、不同背景的人聊天，也和不同单位的人聊天，更和非本行的人士聊天。不管大大小小的聚会，他都会和别人交换名片，并且寻找恰当的时机就一个具有新闻性的话题和对方攀谈，尤其喜欢请教对方擅长的专业问题。

巴菲特对霍华德说："虽然别人一听我问的问题就知道我是个外行，但是我得到的回答却很专业。可能是每个人都喜欢自己在公众场合受到重视的原因吧，我向对方请教，他就会觉得受到了尊重，当然会知无不言，言无不尽。我能够在业绩上有突出的表现，一来得益于在这些场合中结交的朋友，二来因为我对不同行业都有所了解，在思考和判断本行业的时候可以打开思路，这也是我为什么在大学毕业没几年就能自己创业的原因。"

霍华德曾经问过巴菲特创业成功的最大秘诀，面对自己的儿子，巴菲特毫无隐瞒，把自己成功的要诀和盘托出。

原来巴菲特在商业上成功的一大要诀是向不同行业的人吸取新的知识。虽然说做生意最要紧的是懂哪行干哪行，但是各个行业都有着千丝万缕的联系，而且还有着相通之处，因此向别人请教就变得非常重要。比如研制产品的制造业、食品加工业、采矿业等就需要和那些销售产品的行业打交道。你需要懂得零售和批发业的流程，还要考虑产品包装和设计。此外，你不得不和一些诸如法律咨询等服务行业打交道，还有工商部门、税务部门等也是生意人不可避免要接触到的。

他告诉霍华德：

1. 千万不要和对方辩论

所谓"吸取"，就是要以低姿态出现在他的面前，肯定他、捧着他，即使他不是这个行业的泰山北斗。因为只有觉得自己得到了肯定，对方才会心甘情愿地把知道的告诉你。宁可多提几个问题让他解释，也不要用你知道的有限的术语和他辩论，毕竟你所知道的只是皮毛。就一般情况而言，你不会占上风，就算你赢了，你也会失去一个可以成为朋友的人！

2. 不要随便问问

这是你的态度问题，认真和诚恳总不会有错。一旦对方意识到你只是随便问问，他就会敷衍你，随便答答，而且还会不喜欢你的为人；这也是你的眼光和口才问题，问题问得不好，别人会认为你水平太差，甚至因此而鄙夷你。你总不能开口就说："请你介绍你的专业吧！"问得太宽泛、太幼稚或者太离谱，对方就会不知如何回答，干脆就懒得回答。解决这个问题的办法是，平时多看报纸，广泛了解各个行业的动向。如果你实在不了解这个行业，你可以通过"这个行业现在挺好的吧？"这样的问题下手，这样准没错。

3. 不要热情过度，急于一时

如果你刨根问底地打探对方行业的情况，对方会觉得不舒服，甚至以为你是"商业间谍"，他不仅会缄口不语，而且还会处处提防你。这样有什么好处呢？最好是建立相互信任的关系，留给别人真诚的好印象，成为熟识的朋友后再逐步了解。

总之，不要排斥和你不相干行业的人士，敞开胸怀接纳不同背景、不同行业的人吧！

忠告 3　创造性思维让生活更有滋味

创造性思维可以让你的生活更有滋味，并能让你产生激动人心的顿悟。

——巴菲特

巴菲特的小儿子彼得从小就很聪明，而他也很为自己的聪明骄傲。巴菲特生怕他因为这点小聪明而沾沾自喜，不懂得创造性地思考问题，于是，巴菲特给他讲了一位作家的成长经历。

美国科普作家阿西莫夫年轻时多次参加“智商测试”，得分总在 160 左右，属于“天赋极高者”之列，他一直为此扬扬得意。有一次，他遇到一位汽车修理工，是他的老熟人。修理工对阿西莫夫说：“嗨，博士！我来考考你的智力，出一道思考题，看你能不能回答正确。”

阿西莫夫点头同意。修理工便开始说题：

“有一位既聋又哑的人，想买几根钉子，来到五金商店，对售货员做了这样一个手势：左手两个指头立在柜台上，右手握成拳头做出敲击的样子。售货员见状，先给他拿来一把锤子，聋哑人摇摇头，指了指立着的那两根指头，于是售货员就明白了，聋哑人想买的是钉子。聋哑人买好钉子，刚走出商店，接着进来一位盲人。这位盲人想买一把剪刀，请问：盲人将会怎样做？”

阿西莫夫顺口答道：“盲人肯定会这样。”说着，伸出食指和中指，做出剪刀的形状。

汽车修理工一听笑了：“哈哈，你答错了吧！盲人想买剪刀，只需要开口说‘我买剪刀’就行了，他干吗要做手势呀？”

智商160的阿西莫夫，这时不得不承认自己确实是个“笨蛋”。而那位汽车修理工人却继续说：“在考你之前，我就料定你肯定要答错，因为你受的教育太多了，不可能很聪明。”

修理工所说的“你受的教育太多了，不可能很聪明”，并不是因为学的知识多了人反而变笨了，而是因为人的知识和经验多，会在头脑中形成较多的思维定式。

所以，巴菲特告诉彼得，年轻人要挣脱思维定式的束缚，要敢于想象，要敢于尝试。

经常有些年轻的人向巴菲特请教工作上的事，比如，如何写好一个产品方案，巴菲特通常都会先问他们：“你认为应该如何写呢？”“你认为应该重点考虑什么？”“你能先找出一些关键词吗？”

开始，他们都有些摸不着头脑，因为他们确实不知道如何下笔。无论他们多么需要巴菲特给出一个全面的答案，但巴菲特只是一一地对他们提问，让他们自己找答案。最后，巴菲特还会告诉他们，一定不要先参考别人的东西，一定要先在自己的头脑中形成一个思路，在万不得已的情况下，才能将别人的方案作为参考。“因为我知道，现在有很多的年轻人做事不愿意动脑筋，固守已有的（自己或是别人的）经验，不愿意创新。”其实，这也是巴菲特想要告诉彼得的话。

一个人的思考陷入某种思维定式大都是不自觉的，而要摆脱和突破这种思维定式的束缚，常常需要自觉地付出努力。

因此，当我们的思维活动遇到障碍，陷入困境，难以再继续下去的时候，往往都有必要认真检查一下：我们的头脑中是否有某种思维定式在起束缚作用？我们是否应该换个角度去看问题了？

有个小男孩在马戏团做童工，负责在马戏场内叫卖小食品。但每次看马戏的人不多，买东西吃的人更少，尤其是饮料，很少有人问津。这下可怎么办呢？没人买东西，意味着他的收入惨淡。

有一天，他的脑子里诞生了一个想法：向每个买票的人赠送一包花生，借此吸引观众，但老板不同意这个“荒唐的想法”。他就用自己微薄的工资作担保，恳求老板让他试一试，并承诺说，如果赔钱就从自己的工资里扣，如果盈利自己只拿一半。于是，马戏团外就多了一个义务宣传员的声音：“来看马戏，买一张票送一包好吃的花生！”在他不停的叫喊声中，观众比往常多了好几倍。

观众们进场后，他就开始叫卖起柠檬水等饮料，而绝大多数观众在吃完花生后会觉得口干，此时都会买上一杯，一场马戏下来，他的收入比以往增加了十几倍。

上面那个小男孩，当传统的销售方法不管用的时候，他换了一种销售方法，先免费赠送花生，使得观众先“占他的便宜”，进而由于口渴而不得不主动买他的汽水。这种方法拉动了他的销售。如果他总是用一直使用的方法，被动地等待客人来买饮料的话，他的销售业绩肯定得不到任何改观。

彼得问巴菲特，“那么，怎么样才能有创造性的思维呢？怎么老师没教过我呢？是不是我不适合创造性的思维呀？”

巴菲特回答道：不要以为自己的思维不如人。创造性思维是可以后天习得的，和拉提琴或弹钢琴相似，思考也是需要每天练习的。生活中，我们可以有意识地培养自己的创造性思维。

1.培养自己的质疑能力

年轻人应该保持对未知事物的好奇心，做到博学而不浮躁，专注而不死板，打下良好的基本功才能有所创新。很多年轻人不仅学识浅薄，而且对身边很多事物都漠不关心，即使在现有的制度和规则下都难以完成任务，又如何能创新呢？

2.展开想象的翅膀

创新，必须以联想、想象为基础。爱因斯坦曾经说过：“想象力比知识更重要，因为知识是有限的，而想象力概括着世界的一切，推动着进步，并且是知识的源泉。”因此，要鼓励自己多联想。千万不要告诉自己“这样行不通”“那样是不可能的”，在这个科技飞速发展的社会，没有什么是不可能的。没有做不出来的东西，只有想不出来的东西。只要你敢想，就能变成现实。

在17世纪的荷兰，某一天一家眼镜店老板汉斯的孩子拿了几块镜片，有远视的、近视的，也有老花镜片，与邻居的几个孩子一起玩。有一个淘气的孩子想出了一个新的玩法，一只手拿着近视镜片，一只手拿着老花镜片，把它们一前一后地拿在眼前，向远处望去，他不由惊叫起来：“天啊，礼堂的尖塔怎么变得这么近了？”孩子们的行为给了汉斯启示，汉斯通过联想和实际操作，用老花镜发明了世界上第一架望远镜。

3. 有坚定的信念

不要走别人走过的路，而要走没有人走过的路，并留下自己的脚印，要敢于做别人做不到的事情。创新的过程往往是一个艰辛的历程，它不仅需要清晰的目标、执着的精神，更要有承受冷落、失败、挫折的心理能力。比如，当你想要突破常规，做别人没做过的事的时候，你周围的人可能会认为你不正常、异想天开，因此而嘲笑你、疏远你。这些都不重要，重要的是，你做到了他人无法做到的事情，这也是现在及未来让你感到自豪的事情。

当然，创新不一定就是彻头彻尾地改变、否定以前的一切，它可能是对自己资源的一种全面整合，它也可能是对自己未知的潜质的一种挖掘。很多事实证明，那些成功的人，并不一定是学历最高、最“守规矩”、最勤快的人，而是那些肯动脑筋、突破常规的人。

4. 换个角度看事物

要培养创新能力，平时就必须培养自己的发散思维。对于一个问题，找出的答案越多越好。在一个问题的所有答案中，充分表现出思维的创造性成分。比如，在思考一支铅笔的用途的时候，你至少可以得出这样多的答案：写字、绘画、当发簪、做书签、当尺子画线，它削下的木屑可以做成装饰画，在遇到坏人时，削尖的铅笔还能作为自卫的武器……千万不要以为铅笔只有一种用途——写字。

5. 不断地尝试

很多新事物都是在不断的尝试中摸索出来的。我们寻找道路的过程，实际上就是不断尝试的过程。在尝试的过程中，必然会面临很多的挫折，千万不要被挫折打败。我们要欣然面对失败，并且坚持自己的想法，哪怕只是为了验证这些想法并不可行。一遍又一遍，直到最终发现自己的想法原来是行得通的。我们在尝试中总结经验，不断进步，而任何事情，浅尝辄止是不会有所成就的。

“彼得，如果你做到了这几点，相信你也会发展出创造性思维的。”巴菲特语重心长地说道。

忠告4 不要轻信“专家”

不要轻信“专家”。

——巴菲特

苏茜在很小的时候，很喜欢缠着巴菲特给她讲一些故事，巴菲特也非常乐于做这些事情，而且每次他都会选取一些哲理性的故事讲给女儿听。

这天，他给苏茜讲了这么一则故事：

老水牛因为忠厚和正直颇得大家的尊重，它经常在河水边生活，知道河水哪儿深，哪儿浅，大家都称它是“水位专家”。

一次，小马要过河，水牛连忙阻止说：“孩子，千万别过去，太危险了。”小马不相信，因为它亲自用马蹄试了一试，水位还没有它的腿高呢。它坚持下水了，可是越到中央，水越深。它连着呛了好几口水，幸亏有老水牛相救，要不它的命都没了。从此大家更相信这位“专家”了。

一天，一大一小两只鸭子听说河对面的沼泽地里有很多小鱼虾。大鸭子正要咨询“水牛专家”，小鸭子已经下水了。老水牛连忙呼唤道："快上来！小马那么高的个头都差点淹死，你们更不行了！"大鸭子觉得非常有道理，连忙招呼小鸭子上岸。小鸭子说："我会游泳，应该能过去！"

老水牛着急地说："可是你只有这么小啊，水太深了！"

调皮的小鸭子嘎嘎地笑了笑，突然就沉下去了。大鸭子也急得乱叫："'专家'的话都不听，吃了大亏吧，这可怎么办啊？"

话音还没落，小鸭子就冒出头，冲老水牛叫道："我相信自己水性好，为什么还要相信你这个'专家'呢？"

可怜的大鸭子还是不敢过去，因为老水牛坚持说小鸭子是特殊案例，它只好站在岸边遥看着小鸭子欢快地享受美味。

老水牛尽管很有经验，大多数情况下判断都很准确，但还是有失算的时候，而正是它丰富的经验导致了错误。看来，还是相信自己的脑子比较好，"专家"的意见只能做一个参考。

创业者和经营者需要对各个环节和相关的领域都有所了解，比如管理、业务、财务、人际、市场、营销、法规……但是人的精力、时间以及接触的知识面是有限的。很多业内人士对年轻商人提出了中肯的建议，即在自己周围聚拢起一批专家，为自己出谋划策。当然，这样很有必要，你可以向他们请教行业形势，咨询管理方法，征求建设性的意见……但是我还是忍不住要提醒你：与其轻信"专家"，还不如相信自己。

这样说也许对那些在各个领域里有颇深造诣的人略有不敬，但是现在确实有许多人误打误撞，因为在设计好的或者连续偶发的事件中有过几次正确的预言，因而就自诩或者被冠以“专家”的名号，实际上只是浪得虚名。

即使是真专家，也并非圣贤，孰能没有犯错的时候呢？再说这些专家并不了解你的生意和企业里的实际情况，自然有可能造成判断失误，而且他们提出来的新观点、新方案还必须在实践中加以检验。所谓的专家尽管在过去有他人不能企及的判断力，但是你能保证他一直不出错吗？像老水牛这样基于自己的传统经验而犯错的“专家”为数不少，明明已经错了还要说是例外现象的“专家”也大有人在。这样的专家你还要轻信吗？相信你在制定计划或者做出决定的时候，一定经过了周密的思考和充分的准备。也许你原来是“门外汉”，或者只知道皮毛，但是你在创业之前肯定经过了长期的积累或者突击充电，手头掌握了丰富的相关资料和信息。也相信这些足够让你称得上半个专家或者专家，且你拥有的是实力不是虚名，只是还没有被加冕而已。那为什么不相信自己呢？

还要进一步强调的是，作为一个创业者或者一个商人，最后做决定的是你，专家的建议权且尊重，不要轻信，否则你永远难以逾越成功和财富前的河流，只能眼巴巴地看着别人享有成功的喜悦。

一位博学之士在船上与船夫聊起天来。

“你知道浮力定律吗？”

“不懂。”

“你摆渡这么长时间怎么连这点理论常识都没有，真不知道你这大半辈子是怎么把船划好的。”

“你懂力学知识吗？比如合力、阻力？”

“不懂。”

“天哪！ 我真担心你的船会走错方向，简直太不可思议了。 我不知道你的划船生涯还能持续多久！”

“你会计算船在逆水和顺水中的行驶速度吗？”

“不会！”

“哦！ 恐怕你的划船生涯要就此结束了！”

船夫的脚轻轻点了一点，船只晃荡了两下，博学的人才尖叫一声就掉到水里了，在水中胡乱挣扎。

船夫问：“你会游泳吗？”

“不……会……”

“哦！ 恐怕你的研究生涯和说教生涯就要结束了！”

这本来是一则笑话，但如果深入思考一番，你就会得出一个结论：不要迷信所谓的“点子专家”和“策划大师”，要是他们真有这么神奇，为什么他们连“独善其身”都不能呢？

实战经验比高谈阔论更有价值，所以我们应该相信自己，而不是轻信别人的经验之谈。 做一个独一无二的自己，首先需要相信自己。

忠告5　人不能墨守成规

人生的大门往往是没有钥匙的，在命运的关键时刻，人最需要的不是墨守成规的钥匙，而是一块砸碎障碍的石头！

——巴菲特

巴菲特曾经在他的日记里写过这样一段话：“人生的大门往往是没有钥匙的，在命运的关键时刻，人最需要的不是墨守成规的钥匙，而是一块砸碎障碍的石头！”这句话源于他读的一个小故事——《空的彩蛋》。

杰里米一生下来就和别的孩子不一样，他不但身体扭曲变形，反应迟钝，而且身患绝症，如今病魔正一点点地吞噬着他的生命。尽管如此，他的父母仍旧尽最大的努力让他过正常的生活，并且把他送到圣特丽萨小学读书。

杰里米12岁的时候，才读到小学二年级。很显然，他的学习能力非常有限。上课的时候，他会在座位上不停地扭动身子，嘴里流着口水，发出呼噜呼噜的声音。有时他也能很清楚很明白地说话，就好像有一道亮光洞穿了脑中的重重黑暗。但是，这种情况非常稀少而且短暂。大多数时候，杰里米总是会使桃瑞丝·米勒老师发火。

一天，米勒老师打电话给杰里米的父母，请他们到学校来。

空荡荡的教室里，福里斯特夫妇惴惴不安地坐在座位上。米勒老师对他们说："杰里米应该到特教学校去上学。让他和这些学习上没有障碍的比他年龄小5岁的孩子在一起学习对他来说是很不公平的。"

听了老师的话，福里斯特太太伤心地哭了起来。福里斯特先生说："米勒小姐，你知道，这附近没有那种学校。如果我们把杰里米从这所学校带走的话，对他来说会是一个非常沉重的打击。因为我们知道他很喜欢这里。"

福里斯特夫妇离开以后，米勒静静地凝视着窗外纷纷扬扬的雪花，独自一人在教室里坐了很久很久。她感到那冰雪的冷酷似乎已经渗透到她的灵魂深处了。她虽然很同情福里斯特夫妇，但继续让杰里米留在她的班级里是一件不公平的事情。她还有其他18个孩子要教，而杰里米会使他们分散注意力、不安心学习。此外，杰里米根本就学不会阅读和书写，为什么还要在他身上浪费更多的时间呢?

然而，她突然觉得有一种罪恶感笼罩了她的心灵。"哦，上帝，"她大声地祈祷着，"请您帮助我吧！让我对杰里米多些耐心吧！"

从那以后，米勒老师竭力不让自己总是去注意杰里米制造的噪音和他那茫然的目光。

有一天，杰里米拖着他那残疾的腿一瘸一拐地走到讲台前对米勒大声说道："我爱您，米勒小姐！"声音大得全班同学都能听见。

同学们窃笑起来，米勒的脸一下子红了。“这很好啊，杰里米，谢谢你。现在，请你回到座位上去吧。”

不久，春天来了，孩子们都在兴奋地谈论着即将到来的复活节。米勒老师发给每个孩子一颗硕大的塑料彩蛋。她对孩子们说：“请大家把这个复活节彩蛋带回家去，明天再把它带回来，但要记住的是，明天在把彩蛋带回来的时候，彩蛋里面要放一个能够代表新生命的东西。”

“是。”孩子们异口同声地答应着，除了杰里米。他的眼睛一刻也没有离开米勒的脸，甚至没有像以往那样发出任何噪音。

第二天早晨，阳光明媚，鸟声啁啾。19个孩子兴高采烈地来到了学校，他们把各自的彩蛋放进讲台上的一个大柳条篮子里。数学课上完后，就是打开这些复活节彩蛋的时候了。

在第一颗彩蛋里，米勒发现了一朵美丽的花。“哦，很好。花儿当然是新生命的象征！”坐在第一排的一个小女孩挥舞着双臂叫道：“那是我的！”

接着，米勒打开了第二颗彩蛋。彩蛋里放的是一只惟妙惟肖的塑料蝴蝶。“美丽的蝴蝶是由毛毛虫长大以后变化来的。因此，它也是新生命的象征。”

米勒又打开一颗彩蛋，里面放着的是一块长着苔藓的小石头。

接下来，米勒打开了第四颗彩蛋，她一下子惊讶得屏住了气。彩蛋里竟然空空如也！这一定是杰里米的，她想，当然，他根本就不明白她布置的作业。为了不使杰里米感到难堪，她轻轻地把那颗彩蛋放到了一边，伸手去拿另外一颗彩蛋。

突然，杰里米大声叫道：“米勒小姐，您不打算说说我的彩蛋吗？”

对于杰里米这突然的问话，米勒没有任何准备，她惊慌失措地答道：“但是，杰里米，你的彩蛋是空的啊！”

杰里米凝视着米勒的眼睛，轻声地说：“是的，但耶稣的坟墓也是空的啊！”

顿时，大家都惊呆了，教室里鸦雀无声，时间也仿佛停止了。良久，米勒才回过神来，她问道：“你知道为什么耶稣的坟墓是空的吗？”

“哦，当然知道啦！”杰里米大声说道，“耶稣被杀死以后，遗体就放在坟墓里，但是天父又让他复活了！”

巴菲特读完这则故事后深有感触，他也给苏茜他们读了这个小故事，并且告诉他们：每个人都可能有独特的思维，见人之所不能见，想人之所不能想。一个有智力障碍的儿童尚且如此，我们有什么理由自暴自弃呢？

◇ 知识 + 创新 ◇

巴菲特告诉儿子，必须学会使用知识的方法，只有灵活运用知识才能创造出财富，才能改变自己的命运。

巴菲特在商业上成功的一大要诀是向不同行业的人学习新的知识。各个行业都有着千丝万缕的联系，因此向别人请教就变得非常重要。

年轻人应该保持对未知事物的好奇心，做到博学而不浮躁，专注而不死板，基本功扎实才能有所创新。

高情商家教思维

1. 知识永远不会生锈，如何给自己和孩子储备足够的知识？

2. 在向自己不熟悉的行业人士请教时，要注意些什么？

3. 生活中，如何有意识地培养创造性思维？

4. 如何让孩子保持独立思考的能力？

5. 如何拥有一把打开墨守成规的钥匙和一块砸破障碍的石头？

第四章

阳光 + 乐观：做一个积极面对生活的孩子

忠告 1　摆脱精神压力

在生活中蝇营狗苟、汲汲于名利，精神压力很大。这些压力就如影随身一样无法摆脱，这样的你，永远得不到快乐。

——巴菲特

巴菲特家的客厅里总是充满了欢声笑语。平日里，不光是自家的子女们，就是三个孩子的朋友们也愿意来到这里一起享受快乐的时光。在这里，没有忧愁，没有伤感，有的，只是对生活的乐观与希望，这与这个客厅的核心人物——巴菲特有密切的关系。

巴菲特认为，快乐是人生的第一要务，生活中如果失去了快乐，那么，不管拥有别的什么你认为有价值的东西，都失去了意义。

巴菲特并不认同叔本华的观点。叔本华注意到了欲望带给人的痛苦，他总结说："生命是一团欲望，欲望不能满足便痛苦，满足便无聊，人生就在痛苦和无聊之间摇摆。"巴菲特认为叔本华只看到欲望给人们带来的痛苦与无聊，却没看到对欲望进行乘除所带来的解脱与快乐，所以叔本华是悲观主义者。

巴菲特的观点与叔本华相反，所以他是乐观主义者。他对子女的教育也是充满了乐观的正能量，三个子女也都成长为乐天派，不论是在家里、学校里，还是工作中，他们都是大家公认的开心果。

在人生投资报酬率的计算中，没有人能清楚地知道，在得到一些看似得到的东西时，有多少和生命休戚相关的快乐，就像沙子一样在指掌间流去。而我们掌中所握的生命之沙是有限的，一旦失去，就再也捞不回来。

快乐是生命之沙，并不稀有，也无所谓象征，它属于每个人自己。快乐人人皆有，随处可见、随时可得，故而并不稀有，但为什么有人却难以把它们留在手中呢？

一只手怎样才能抓住尽量多的沙子？

为了尽可能多抓，我们可能松松地把手摊开抓了一把，不敢用力，结果沙子全从指缝里流了出去，也可能紧紧地抓住一大把沙子，而沙子仍不断从指缝里流走。

真正抓得最多的，是把一把沙子松紧适度地抓在手里，既不抖，也不晃，沙子撒得很少。

如果抓得太松的话，沙子会从手指缝里漏出去，而抓得太紧的话，沙子也会漏出去。只有保持一个平衡的力量，才能保证沙子不漏出去。

再进一步讲，即使我们占有所有能够占有的东西，用占有的一切把生活填得满满的，那又会是一种什么情景呢？那是不可能生活下去的。只有留下一些空间，我们才可以提高生活的品质，让平淡的人生更轻松、更圆满。

曾和巴菲特一起工作过的人对巴菲特的评价是，他永远都是那么乐观向上、乐于助人，从来没有暴躁、发脾气的时候。

“他可以同时思考三件事情。但是，伯克希尔公司的事情无时无刻不萦绕在他心头。”伯克希尔下属公司的一位员工这样说。他还说，对于巴菲特来讲，工作是一种乐趣，而这种乐趣就是通过如饥似渴的阅读来研究这个商业世界。他的身体健康状况一直很好，尽管他的背部有时会疼得很厉害，这是他多年前打手球所造成的。

而巴菲特的子女们对他的评价则是，爸爸是那么的积极向上，在物质上和精神上都给了他们莫大的帮助。

可以说，巴菲特不管是在事业上还是家庭教育上，都是一个相当成功的人。在对子女的教育上，巴菲特并不是偏重说教，而是更重视言传身教。

巴菲特曾是奥古斯塔精英高尔夫俱乐部的一员，多年来他一直坚持打高尔夫球，他会出现在佛罗里达州棕榈海滩的西米诺尔高尔夫球球场、鹅卵石海滩或加利福尼亚州的棕榈泉，和比尔·盖茨、查尔斯·芒格一起打高尔夫球。巴菲特和盖茨曾谈论过购买鹅卵石高尔夫球场的事情，但是却没有实现。那些和巴菲特一起打过球的人都说他的球技一般，但是，他们也说，他很具有竞争力，他总是越打越好，极有可能到最后，比如说在 18 球道时打成平局，赢得这场球赛。

“巴菲特打高尔夫球的风格是不打最后两洞，从而省掉了比赛中最后一击失败后附加一击的最后两次机会。”一位打高尔夫球的伙伴说。

鲍勃是奥马哈罗伯特汉考克投资公司的总裁，他曾经问巴菲特在奥古斯塔球场打球时的成绩如何，巴菲特回答说：“我把球置于球座上，然后一杆把球打入水中。”说完，他开始哈哈大笑。

有一次，彼得问巴菲特他是怎样取得108分的成绩时，巴菲特回答说：“我3杆就把球打入到果岭内，然后轻轻击球，就把球打入18号洞。”

《高尔夫球文摘》杂志认为，巴菲特的高尔夫障碍是18.2，这使他在前200名执行总裁中排到第157位。排在第一位的是太阳微系统公司的斯科特·迈克尼利，他的高尔夫障碍只有3.3。迈克尼利曾是哈佛大学高尔夫球队的队长，他开玩笑说，那个职务就像是“佛罗里达州的滑雪队队长一样”。但是，巴菲特对此丝毫不以为意，他认为这纯粹是个人爱好，只要从中获得乐趣就行，其他的完全不必计较。这也是他一直保持积极乐观的秘诀之一。

巴菲特的房子收拾得非常漂亮，绝对称得上是一个温暖舒适的家——干干净净的院子，四周绿树围绕，宽敞的车道，一切都那么惬意。多年来，他家里大部分家具都是从奥马哈市内布拉斯加家具城买来的，那是他在1983年买下的一个商场。总而言之，他舒适温馨的家里有一个12米长、6米宽的手球式墙球球场，在地下室里，还有一些运动器械，所有的一切都让人感到愉快，他的房子坐落在一个安静的、绿树成荫的街区。

内布拉斯加家具城的售货员多哥·克莱顿说，巴菲特的家里，家具布置得很朴素，只有几件奢侈品，比如说分别为30英寸、40英寸、50英寸的三个电视屏幕，因为其中的两个大屏幕是他卖给巴菲特的。

一次，《华盛顿邮报》公司的主席凯瑟琳·格雷厄姆到巴菲特家里去拜访，她开玩笑说："沃伦，你的钱只够买这样一所房子吗？"

巴菲特的家里藏书很多，包括满满一书架伯特兰·拉塞尔的书，巴菲特能背诵伯特兰的作品中大段的文章：

> 三种激情，纯朴却又势不可当，已经主宰了我的生命：渴望爱情，探求知识，对于人类的困难怀着承受不了的怜悯。这些激情，犹如狂风，吹得我忽东忽西，来去不定，越过痛楚的深渊大海，濒于绝望的边缘。
>
> 我追求爱情，首先是因为它能带来狂喜——莫大的狂喜，为了得到这种一时的喜悦，我往往会牺牲其他的一切；我追求爱情，其次是因为它消除寂寞——那种可怕的寂寞，陷入其中，令人战栗的意识便在世界的边缘之上洞见冷漠无底、死气沉沉的深渊；我追求爱情，最终是因为在爱情的结合之下，在神秘的缩影中，我看见了圣贤和诗人想象的天堂的预示性景象。这就是我过去的追求所在，虽然这也许看来过于美好，超过了人生，这就是我所——终于——发现的。
>
> 怀着同样的激情，我追求知识。我希望理解芸芸众生的心灵；我希望知道星星为什么闪耀；我也力求领悟毕达哥拉斯的力量，即流变之上数支配一切。这方面小有所成，不过不算太大，我已经有所建树。
>
> 爱情和知识，在可能的情况下，引人向上，通向天堂。但是，怜悯总是把我带回尘世。痛苦的哭泣声在我的内心会回荡不已。饥饿的儿童，遭受压迫者折磨的牺

牲品，成为子女负担的孤老，充满孤独、贫困、痛苦的世界，构成了对人生应有面貌的嘲讽。我渴望消除邪恶，可是我无能为力，我也在承受痛苦。

这就是巴菲特的生活。巴菲特认为这样的生活值得继续下去。倘若有幸，他愿意再活一世。巴菲特说：“我们通常都能够面对生活中出现的危机，但却常常被一些小事搞得垂头丧气，整天心情不快，精神郁闷紧张，这样的生活难道快乐吗？”

忠告2　与其伤心失去，不如畅想未来

有得必有失，与其伤心失去，不如畅想未来。

——巴菲特

巴菲特十分欣赏他的朋友——怀洛明州公路局局长查尔斯·西费德先生，虽然他从事的工作非常烦琐，但他每天都是很快乐的样子，忙忙碌碌而又非常充实。

他曾经给三个子女讲过查尔斯·西费德的一件小事，让儿女们深受启发。他是这样说的：

“几年前，我和查尔斯·西费德先生，以及其他朋友，一起去参观洛克菲勒在提顿国家公园中的一栋房子。我的车转错了一个弯，晚到了一个小时。西费德先生没有钥匙，所以他在那个又热、又有好多蚊子的森林中等了整整一个小时。我们到的时候，在多得可以让人发疯的蚊子中，西费德先生正在吹一支折下的白杨树枝做成的小笛子。”

如果说，人外在的躁动是波涛汹涌的湖面，那么欲望则是湖面下的暗流。在湖面以下，有时看上去十分宁静，把汹涌的纷争全部吸收了，一切繁杂的感受，似乎变得无关痛痒。

但欲望却像暗流一样，时刻可能酝酿着风波。

因此，无论一个人表面多么平静，如果不能切实地把握住自己的欲望，那么仍然不能做到宠辱不惊、临危不乱。这样的人，也是得不到快乐的。

心理学里有一个著名的“快乐边际规律”，人们从某一单位物品中获得的快乐感会随着所获物品的增多而减少。我们追求财富是为了获得心理上和经济上的安全与愉悦，可是当财富多到一定程度时反而成为一种负担。物质财富给我们的安全与愉悦并不随着总数的增多而递增，到后来甚至增加不安全感，成为一种负增长。

物质的满足，往往并不能填补心灵深处的空虚，但是我们为了获得财富，又习惯性地牺牲了自己的健康和家庭，连表层的和谐也失去了，反而得不偿失。这又是一个矛盾。

为了解决这两个矛盾，我们必须学会把自己的追求与人生目标融合起来。唯有如此，我们才能不至于在追求中迷失方向，也不至于在对人生终极目标的思索中万念俱灰；也唯有如此，我们才不会变成一个孜孜不倦的工作狂或者企图占有一切的疯子，也不会变成一个清心寡欲、与世无争的出世者，而是成为一个能够既享受过程又享有成果的快乐者。

快乐并不如一些哲学家所描述的那样深奥。如果我们曾经真正地谈过恋爱就会明白，快乐只是一种感觉，和我们在生活中能够占有或者放弃过多少东西关系不大，甚至并无关系。

我们都活在矛盾中，没有的想得到，但是一旦形成对于物质的依赖，就经常会发现：当我们有了，也就没有了。所以，巴菲特告诉他的子女们：烦恼留给昨天，快乐享受今天。

巴菲特说：“我曾遭遇过极严重的贫乏和疾病。人们问我如何渡过那些难关，我总是这样回答：我既已度过昨天，就能熬过今天。我不允许自己去猜想明天将发生什么事。”

他认为，不要为自己的不幸哀怜，不要为过去的烦恼流泪，经历困苦，才能彻底接触到生活的每一角度。

穆勒公司的工厂主任名叫吉姆·勃德素，是人所共知的“弗吉尼亚烦恼大王”。按照他的说法，他唯一的习惯就是“烦恼”。

这个诨名是这样来的：

他曾就读于弗吉尼亚州的布莱克斯堡军事学院，他的烦恼实在是很过分，因为烦恼常常生病，学校医院里还经常给他保留一张病床。护士只要看到他到医院去，就会自动跑上前来给他注射一针。

他的烦恼多得很，对什么事情都是一个字——“烦”。很多时候，连他自己都不知道究竟在烦什么。他担心因成绩不好而遭学校开除，因为他的物理学和其他科目考试不及格。他认为必须维持平均分数 75 ~ 84，如果达不到这个水平，他就感到很烦。他还担心自己的健康，因为他患有急性消化不良、失眠等症状。他担心他的财务状况，因为他不能经常买礼物送给女朋友，或是带她去跳舞，因而担心他的女朋友会嫁给军校另外一位学生……

他就是这样日日夜夜地为很多自己认为无法解决的问题而烦恼。面对这种绝望，他不得不把烦恼告诉杜克·巴德教授。

巴德教授是企业管理学教授，对心理方面的问题有很深的研究，他与吉姆·勃德素有过一次 15 分钟的谈话。

巴德教授说：“你应该坐下来面对现实。如果你把用来烦恼的一半时间和精力用来解决你所面临的问题，那么，我想你就不会再有烦恼了。你以前可能就学会烦恼这个不良习惯，其他的都没有学会。”

吉姆·勃德素后来说：“这次谈话对我的健康及幸福的帮助，远比我在大学四年所学的还要多。”

巴德教授给他订立了三种方法：

第一，正确地认识并弄清楚烦恼的究竟是些什么问题；

第二，认真地找出烦恼的原因；

第三，立刻参加一些建设性的活动，切实地解决一些使自己烦恼的问题。

经过这次谈话，吉姆·勃德素按照这三种方法拟定积极的计划。

比如说，他不再因为物理学不及格而烦恼，而是反问自己为什么会不及格？原因何在？结果表明，不是他的智商不够用、天资愚笨，因为他那时已经是校刊的总编辑了。他之所以没有通过物理学考试，是因为他对这门功课缺乏足够的兴趣。而他不感兴趣的原因，是因为他认为这门课程对他将来从事工业工程师职业没有多大的帮助。找到了原因，他就开始改变态度。他警告自己：“如果学院当局要求我通过物理学考试才能取得学位，那么，我有什么理由怀疑他们的智慧呢？”

态度改变了，他就埋头学习物理学，不再浪费时间去寻找物理学如何困难，结果一次就考过关。休息的时间，他就到外面去打工，所挣得的钱完全能够解决在舞会中购买果汁、给女朋友买小礼品等困难。比较大的开支，他就向父亲贷款，毕业后不久就把贷款还清了。 至于爱情难题，也纯属杞人忧天，那个女孩不久就成了他的夫人。

很多人本来不可能有那么多的烦恼，即使出现一些不愉快的事情，也不好好地寻找原因，以致最后弄到草木皆兵的地步。 遇到烦恼不要紧，要紧的是马上寻找烦恼的原因，找到了原因，就能勇敢面对，没有什么能难住一个大活人。

中国有一句俗话：“活人不会被尿憋死。”所以，如果你遇到什么困难，要勇敢面对，有什么烦恼能够让一个充满生机的人趴下呢？

因此，巴菲特说：“养成快乐的习惯，可以帮助我们摆脱外在条件的控制。 要做到这一点，就必须明白自己能够得到的快乐的边界，在追求的时候不越过它。”

忠告3　从平凡中寻觅的快乐才是最真实的

从平凡中寻觅的快乐才是最真实的。

——巴菲特

巴菲特的合伙人艾米在一次紧要关头撤股了，巴菲特的事业陷入绝境，但是顽强的巴菲特并不会屈服于现实，他四处奔走，终于获取了其他两位股东的支持，维持了公司的正常运营，而且发展得比以前更好。这已经是很多年前的事了，但是，巴菲特当时四处奔走、被人拒绝的窘迫的样子，还留存于三个子女的印象中。

苏茜在多年后问巴菲特："爸爸，如果艾米叔叔来找你，你会怎么做呢？"

巴菲特回答了一句话："热情地招待他。"

巴菲特始终认为，人生是否快乐，在于人是否能从生活中寻找到快乐，而不是时时地忧愁与悔恨。

吉尔伯和苏里文都是美国著名的艺术家，他们的悲剧在于：他们知道如何创作出欢快的歌词和音符，可完全不知道如何在生活中寻找快乐；他们写过很多让人非常喜欢的轻歌剧，可都无法控制自己的脾气。苏里文为他们的剧院买了一张新的地毯，吉尔伯看到账单时大发雷霆，这件事甚至闹到法院，从此两人“老死不相往来”。苏里文替新歌剧谱完曲后，就把它寄给吉尔伯，而吉尔伯填上词后，再把它寄回苏里文。一次，他们必须一起到台上去谢幕，两人就站在舞台的两边，分别向不同的方向鞠躬，这样才可以不必看见对方。他们维持了面子，却放弃了快乐。

而林肯却不是这么想的。在美国南北战争时，林肯的几位朋友攻击他的一些敌人，林肯却说：“你们对私人恩怨的感觉比我要多，也许我的这种感觉太少了吧。可是，我一向认为这很不值得。一个人实在没有必要把他半辈子时间都花在争吵上，而失去内心的宁静与快乐，如果那些人不再攻击我，我也就不再记他们的仇了。”

苏茜说：“我真希望伊迪丝姑妈也有林肯这种寻找快乐的精神。”苏茜口中的伊迪丝姑妈和法兰克姑父住在一个抵押出去的农庄里，那里土质很差、灌溉不良、收成又不好，所以他们的日子过得很紧，每分钱都要节省着用。可是，伊迪丝姑妈喜欢买一些窗帘和其他小东西来装饰家里，为此她常向一家小杂货铺赊账。法兰克姑父很注重信誉，不愿意欠债，所以他悄悄告诉杂货店老板，不要再让他妻子赊账买东西。伊迪丝姑妈听说后大发脾气。这事至今差不多有 50 年了，她还在生气。苏茜和弟弟曾经不止一次听伊迪丝姑妈说这件事，最后一次见到她时，她已经快 80 岁了。

苏茜也曾经对她说：“伊迪丝姑妈，法兰克姑父这样做确实不对。可是难道你不觉得，你已经埋怨了半个世纪了，这比他所做的事还要糟糕吗？”伊迪丝姑妈为她这些不快的记忆付出了昂贵的代价——失去了半个世纪内心的平静。

所以，巴菲特不去记恨自己曾经的合伙人。当然，后来这位合伙人出现的时候，巴菲特真的热情地招待了他。

忠告 4　乐观能改变世界

乐观能改变世界。

——巴菲特

巴菲特认为，不管面对怎样的处境，总要能够以积极的心态去面对。在公司里、在家庭中，巴菲特乐观的精神总是感染着大家，在全球金融危机过程中，不少员工感到前途黯淡，巴菲特为了鼓励他们，给他们讲了这样一个故事：

我们看待同一件事情的观点会有所差异，就是这种差异决定了哪些人会成功，而哪些人要失败。著名的雕塑家米开朗琪罗用有裂痕的石头雕塑出《大卫》雕像就是最好的例子。

1501 年，意大利雕塑家多纳泰罗购买了一块巨大的大理石，但是大理石有多处裂缝，多纳泰罗认为这块大理石很难被当成雕塑的材料，于是决定将其出售。当米开朗琪罗听说多纳泰罗要出售那块大理石时，他爽快地买了下来，并用它雕塑出不朽的名作《大卫》，米开朗琪罗也凭着此作品成为声名远扬的雕塑家。

在多纳泰罗眼里，那块大理石到处是裂痕，不宜作为雕塑的原料。但是，在米开朗琪罗眼里，那块大理石虽然有多处裂痕，但整体而言还是很有利用价值的。

凡事都有积极和消极的两面，有些人看到了积极的一面，而另一些人则看到了消极的一面。对于积极的人来说，眼前的困难是暂时的，他们有信心克服一切困难。但对那些消极的人来说，眼前的困难就像是无法逾越的鸿沟，他们在面对困难时会选择退缩，并为此找一大堆理由。我们面临的问题不是困难本身，而是我们看待困难的态度。

我们的态度决定事情发展的结果。如同种瓜得瓜、种豆得豆一样，你付出多少，就收获多少。我们知道，在计算机里输入“垃圾”，屏幕出现的字也就是“垃圾”，人的大脑也跟计算机一样，只要在心灵的土壤里种下肯定的种子，那么得出的也将是肯定的结果。

乐观的人之所以能成功，是因为他们怀有强烈的成功欲望，而且把大部分时间都用在达成目标上。根据调查发现，乐观向上的人比悲观消极的人更长寿。同时，经过科学证明，孕妇的乐观心态有助于胎儿的健康发育，乐观的孕妇比悲观的孕妇生出健康婴儿的概率更高。

我们往往认为成功人士的价值观比一般人的价值观更为深奥和复杂，其实不然。与成功人士接触后你会发现他们有一个共同点，那就是他们都拥有乐观的心态。心理学家认为，消极是恐惧和无知的结合物。消极的人永远不会影响世界，只有乐观积极的人才能改变世界，并获得成功。

环境其实会因你的心态而改变。对于乐观主义者来说，环境是可以被创造出来的，而非不可改变的。只有相信自己能成功的人才会获得成功；只有相信自己能成为冠军的人才会夺得冠军。人的一生不可能一帆风顺，人都有脆弱和绝望的时候，关键在于自己的心态，悲观的人容易陷入绝望，而乐观的人则往往看见希望。

积极向上的心态会指引我们走向成功。但是，想要养成积极向上的性格并非易事，有些人是天生就消极，而有些人则是在经过多次失败和挫折之后，从此陷入消极的深渊。

曾担任过美国心理协会主席的马汀·塞利格曼博士说过："不论何时，悲观主义总可以转变为乐观主义。"只要养成站在积极的角度来分析自己处境的习惯，就可以从悲观主义中解脱出来。悲观主义者遇到问题，总是习惯从消极的角度去看待，想出来的当然也只能是消极的方法。只要改变看待问题的角度，谁都可以成为乐观主义者。

马汀·塞利格曼博士在对很多悲观主义者进行调查后发现，他们有以下几个共同的习惯：

第一，碰到一件不如意的事情时，习惯把其他的事情也一块否定，将悲观"扩散化"；

第二，习惯把一切罪责都加在自己身上，造成悲观"内部化"；

第三，相信坏事会接踵而来，出现悲观的"连续化"。

虽然习惯不容易改掉，但只要通过反复的训练，这些习惯还是可以被改掉的。每当出现消极悲观的想法时，要与悲观的心态进行辩论，要找出反驳消极想法的理由，让积极正面的想法慢慢地主导你的思维，渐渐地，你就会完全摆脱悲观的心态。

如果想拥有成功的事业和美满的家庭，就要养成乐观的态度和自我肯定的思考方式。说话的语气和内容是构成一个人外在形象的重要因素。悲观主义者的语气较为沉重，压得人喘不过气来；反之，乐观主义者的语气比较轻松，而且充满活力，从他们的脸部表情和行为中可以看到快乐的影子，他们的快乐可以传染给周边的人。

我们每个人都应该养成乐观的说话习惯。不要常说“我不行”或“我完蛋了”，而要多说一些“我可以做到”或“一定会好起来”之类的正面的、积极的话。走起路来要充满活力，要经常面露微笑。这种习惯会让你的心情变得明亮，同时也能让你形成一种信念，这种信念是乐观主义者心灵的一棵树，迟早会结出成功的果实。

成功的人与失败的人最大的区别在于习惯的不同。关于这一点，管理顾问博恩·崔西这样说：“成功人士有成功的习惯，而失败人士有失败的习惯。”一个人的好习惯与坏习惯，是在他平时的选择、决定、行动中形成的。如果想拥有能使你走向成功的习惯，那么你现在就该开始自我训练。无论你现在的处境如何，只要你能以积极的态度看待一切问题，你就能把握机会，走向成功。

俗话说：“思想在微笑。”唯有正在微笑的思想，才能使你说出积极乐观的话。在我们的生活中，多数人都希望每天能看见笑脸，无论是别人的，还是自己的，这并不难做到。我们要让自己的思想面带笑容，这样就能保持积极乐观的态度。

忠告 5　对必然的事轻快地接受

对必然的事轻快地接受，就像杨柳承受风雨、水接受一切容器，我们也要承受一切事实。

——巴菲特

霍华德的农场在一次冰雹中遭受了严重的损失，他本人也遭受了沉重的打击，几近破产，这一年的产量几乎可以用颗粒无收来形容。霍华德也遭受了事业上的一次“冰雹”，整个农场的运营陷入困境，欠银行的钱，拖欠工人的工资、机器的维护费用等让霍华德几欲崩溃。他只好躲在家中，足不出户地借酒浇愁，巴菲特看在眼里、急在心上，他深知，如果霍华德这么下去，几乎就是一蹶不振了。

这天晚上，巴菲特去霍华德的房间看他，霍华德说：“爸爸，您是来陪我喝酒的吗？”

巴菲特说：“不是，我来，是想告诉你一些话。

“这些年，我常常想起刻在荷兰首都阿姆斯特丹一间15世纪的教堂废墟上的一行字：‘事情是这样，就不会是别的样子。’

“在漫长的岁月中，我们一定会碰到一些令人不快的情况，它们既是这样，就不可能是别样，我们也可以有所选择。我们可以把它们当作一种不可避免的情况加以接受，并适应它；或者，我们让忧虑毁掉我们的生活。”

巴菲特给霍华德的忠告是：“要乐于承认事情就是如此。能够接受发生的事实，是能克服随之而来的任何不幸的第一步。”

巴菲特的朋友，俄勒冈州的伊丽莎白·康黎经过许多困难，终于学到了这一点。

“在庆祝美军在北非获胜的那天，我被告知我的侄子在战场上失踪了。后来，我又被告知，他已经死了。

“我悲伤得无以复加。在此之前，我一直觉得生活很美好。我热爱自己的工作，又费劲带大了我的侄子。在我看来，他代表了年轻人美好的一切。我觉得我以前的努力，现在正在丰收……但是现在，我的整个世界都粉碎了，觉得再也没有什么值得我活下去的理由了。我无法接受这个事实，悲伤过度，决定放弃工作，离开家乡，把我自己藏在眼泪和悔

恨之中。

“就在我清理桌子，准备辞职的时候，突然看到一封我已经忘了的信——几年前我母亲去世后侄子寄来的信。那信上说：‘当然，我们都会怀念她，尤其是你。不过我知道你会支撑过去的。我永远也不会忘记那些你教我的美丽的真理，永远都会记得你教我要微笑。要像一个男子汉，承受一切发生的事情。’

“我把那封信读了一遍又一遍，觉得他似乎就在我身边，仿佛对我说：‘你为什么不照你教给我的办法去做呢？支撑下去，不论发生什么事情，把你个人的悲伤藏在微笑下，继续过下去。’

“于是，我一再对自己说：‘事情到了这个地步，我没有能力去改变它，不过我能够像他所希望的那样继续活下去。’我把所有的思想和精力都用于工作，我写信给前方的士兵——给别人的儿子们；晚上，我参加成人教育班——找到新的兴趣，结交新的朋友。我不再为已经永远过去的那些事悲伤。现在的生活比过去更充实、更完整。”

已故的乔治五世，在他白金汉宫的房间的墙上挂着下面一句话：“教我不要为月亮哭泣，也不要因事后悔。”叔本华也说：“能够顺从，就是你在踏上人生旅途时最重要的一件事。”

显然，环境本身并不能使我们快乐或不快乐，而我们对周围环境的反应才能决定我们的感觉。

必要时，我们都能忍受灾难和悲剧，甚至战胜它们。我们内在的力量坚强得惊人，只要我们肯加以利用，它就能帮助我们克服一切。

已故的布斯·塔金顿总是说：“人生的任何事情，我都能忍受，只除了一样，就是瞎眼。那是我永远也无法忍受的。”

然而，在他 60 多岁的时候，他的视力减退，一只眼几乎全瞎了，另一只眼也快瞎了。他最害怕的事终于发生了。

塔金顿对此有什么反应呢？他自己也没想到他还能觉得非常开心，甚至还能运用他的幽默感。当那些最大的黑斑从他眼前晃过时，他却说：“嘿，又是老黑斑爷爷来了，不知道今天这么好的天气，它要到哪里去？”

塔金顿完全失明后，他说：“我发现我能承受视力的丧失，就像一个人能承受别的事情一样。要是我五个感官全丧失了，我也知道我还能继续生活在我的思想里。”

为了恢复视力，塔金顿在一年之内做了 12 次手术，为他动手术的就是当地的眼科医生。他知道自己无法逃避，所以唯一能减轻他受苦的办法就是爽爽快快地去接受它。他拒绝住在单人病房，要求住进大病房，和其他病人在一起。他努力让大家开心。动手术时他尽力让自己去想他是多么幸运。“多好呀，现代科技的发展，已经能够为像人眼这么纤细的东西做手术了。”

一般人如果要忍受一年 12 次以上的手术和不见天日的生活，恐怕早就崩溃了。可是这件事教会塔金顿如何忍受，这件事使他了解，生命所能带给他的，没有一样是他能力所不及而不能忍受的。

我们不可能改变那些不可避免的事实，可是我们可以改变自己。

并不是说，碰到任何挫折时，都应该低声下气，那样就成为宿命论者了。不论在哪种情况下，只要还有一点挽救的机会就要不断奋斗。可是当常识告诉我们，事情是不可避免的——也不可能再有任何转机，那么，为了保持理智，我们就不要“左顾右盼，无事自忧”。

已故的哥伦比亚大学郝基斯院长曾经写过一首打油诗当作座右铭：

天下疾病多，数也数不清，
有的可以救，有的治不好。
如果还有救，就该把药找。
要是没法治，干脆就忘掉。

一些美国著名的商人，他们大都有能力接受无法避免的糟糕局面，这样就能过无忧无虑的生活。假如他们没有这种能力，他们就会被过大的压力压垮。下面是几个很好的例子。

创办了遍布全美国的连锁商店的潘尼说：“哪怕我所有的钱都赔光了，我也不会忧虑，因为我看不出忧虑可以让我得到什么。我尽可能把工作做好，至于结果就要看老天爷了。”

亨利·福特也说过一句类似的话：“碰到没法处理的事情，我就让它们自己解决。”

克莱斯勒公司总经理凯乐先生说：“如果我碰到很棘手的情况，只要想得出办法解决的我就去做；要是干不成的，就干脆忘了。我从不为未来担心，因为没人知道未来会发生什么事情，而且影响未来的因素太多，何必为它们担心呢？”如果说凯乐是个哲学家，他一定会非常困窘，但是他只是个出色的商人。他这种想法和古罗马的大哲学家伊匹托塔斯的理论差不多，他告诫罗马人：“快乐之道不是别的，就是不去为力所不及的事情忧虑。”

莎拉·班哈特可算是深通此道的女子了。50年来，她一直是四大州剧院独一无二的皇后，深受世界观众喜爱。她在71岁那年破产了，而且她的医生波基教授告诉她必须把腿锯断。医生以为这个可怕的消息一定会使莎拉暴跳如雷。可是，莎拉看了他一眼，平静地说：“如果非这样不可的话，那只好这样了。”

她被推进手术室时，她的儿子站在一边哭。她却挥挥手，高高兴兴地说：“不要走开，我马上就会回来。”

去手术室的路上，她背她演过的台词给医生、护士听，使他们高兴：“他们受的压力可大得很呢。”

手术完成、健康恢复后，莎拉·班哈特还继续周游世界，使她的观众又为她疯迷了7年。

没有人能有足够的情感和精力，既抗拒不可避免的事实，又创造一个新的生活。你只能选择一种：或者生活在那些不可避免的暴风雨之下弯下身子，或者因抗拒它而被折断。

日本的柔道大师教育他们的学生：“要像杨柳一样的柔顺，不要像橡树一样挺直。”

知道汽车的轮胎为什么能在路上支撑那么久、忍受那么多的颠簸吗？起初，创造轮胎的人想要创造一种能够抗拒路上的颠簸的轮胎。结果，轮胎不久就被切成了碎条。后来，他们制造了一种轮胎——可以吸收路上所碰到的各种压力，可以“接受一切”。如果我们在多难的人生旅途上也能承受各种压力和所有颠簸的话，我们就能活得更长久，能享受更顺利的旅程；如果我们不吸收这些，而去反抗生命中所遇到的挫折的话，我们就会产生一连串内在的矛盾，就会忧虑、紧张、急躁进而可能变得神经质。

如果再退一步，我们抛弃现实社会的不快，退缩到一个我们自己的梦幻世界里，那么，我们就会精神错乱了。

有个叫威廉·卡赛柳斯的人讲过下面这个故事：

“我加入海岸防卫队不久，就被派到大西洋这边管炸药。我——一个卖小饼干的店员，居然成了管炸药的人！ 光是想到站在几千几万吨 TNT 上，就把我吓得连骨髓都冻住了。我只接受了两天的训练，而我所学到的东西使我内心更加恐惧。

“我第一次承担任务时，天又黑又冷。 我奉命到新泽西州的卡文角辑码头负责船上的第五号仓。 5 个身强力壮而又对炸药一无所知的码头工人正将重 4 千克到 8 千克的炸弹往船上装。 每一个炸弹都包含一吨的 TNT，足够把那条旧船炸得粉碎。 我怕得不行，浑身发抖，嘴发干，膝盖发软，心跳加速。 可我又不能跑开，那就是逃亡，不但我会丢脸，我的父母也会脸上无光，而且我可能因为逃亡而被枪毙，我只能留下来。 在担惊受怕、紧张了一个多小时之后，我终于能运用常识考虑问题了。 我对自己说：‘就算被炸着了，又怎么样？ 你反正也没有什么感觉了。 这种死法倒也痛快，总比死于癌症要好得多。 这工作不能不做，否则要被枪毙，所以还不如做得开心些。’

“我这样跟自己讲了几个小时后，开始觉得轻松了些。最后，我克服了自己的忧虑和恐惧，让自己接受了那不可避免的情况。”

除了耶稣基督被钉在十字架以外，历史上最有名的死亡是苏格拉底之死了。即使100万年以后，人类恐怕还会欣赏柏拉图对这件事所作的不朽的描写——也是所有的文学作品中最动人的一章。雅典的一些人，对打着赤脚的苏格拉底既嫉妒又羡慕，给他找出一些罪名，审问之后要将他处以死刑。当那个善良的狱卒把毒酒交给苏格拉底时，对他说道："对必然的事姑且轻快地去接受。"苏格拉底确实做到了这一点。他以非常平静而顺从的态度面对死亡，那种态度几乎已经可以算是圣人了。

在第二次世界大战期间，有个日本士兵寺木一郎被美军抓获并送进监狱。当时，还有很多成了俘虏的日本士兵，他们都坚信："总有一天，援军会赶来救我们的。"然而，过了很久，援军都没有来，因此，俘虏们都开始变得焦躁、沮丧，甚至有人因过度担心忧郁而死。

只有寺木一郎的想法与他们不同：

"仔细想想看，若我现在在战场上，说不定哪天就阵亡了；而如今落到美军手上当了俘虏，虽然不知道是幸运还是不幸，但至少可免于战死；当然，身为俘虏，不知哪天就被杀了，但至少目前还没有生命危险，眼下就这样熬一天算一天吧……而且，美军还给我们饭吃，没让我们饿着，这么看来，我还是挺值得庆幸的。"

从正面的意义上来说，态度的改变就由此生根发芽，心情就平静下来了，也就不会杞人忧天了。无论你想或是不想，死亡的那一刻该来还是会来的。既然如此，人生在世，我们为什么不多想一些有意思的、令人高兴的事情，让自己活得更轻松呢？

看看四周，几乎都是美国人，寺木一郎心想，不如掌握些英语，说不定哪天就能跟美军看守交流了。

有意思的是，寺木一郎真的和其中一名看守志趣相投，两个人有时会在夜深人静的时候开怀畅谈，尽管双方当时还是敌对关系。

过了不久，“二战”结束，加上那名看守士兵替他说情，寺木一郎得以比别人更早离开了监狱，并于回国后在大阪某补习班教授英语对话。因为那段监狱生活，他学会了用英语进行交流。

为还不知道会不会发生的事情而大伤脑筋，既浪费时间，又使人生变得无趣。不必为未来的事情担忧，积极地面对，充分地享受每一个瞬间，这也是人活在世上的一大可取之处。

“对必然的事，姑且轻快地接受。”这句话是很久以前一个狱卒说的。但在现在这个充满忧虑的世界，比以往更需要这句话。

讲完这些人的故事，巴菲特轻轻地放下一张二百万美元的支票，走出了房间。他相信，霍华德一定会振作起来，因为，他是巴菲特的儿子。

◇ 阳光 + 乐观 ◇

巴菲特认为，快乐是人生的第一要务，生活中如果失去了快乐，那么，不管拥有别的什么你认为有价值的东西，都失去了意义。

如果你遇到什么困难，要勇敢面对，有什么烦恼能够让一个快乐的人认输呢？

巴菲特始终认为，人生是否快乐，在于人是否能从生活中寻找到快乐，而不是时时地忧愁与悔恨。

高情商家教思维

1. 如何帮助孩子摆脱精神压力？

2. 你认为巴德教授提出的摆脱烦恼的三种办法效果如何？ 你还有什么更好的方法帮助孩子摆脱烦恼？

3. 你认为自己孩子有从平凡普通的事件中获得快乐的能力吗？

4. 接受必然会发生的事情和习惯性妥协有什么区别？

第五章

谦虚 + 宽容：做一个具有良好品德的孩子

忠告1　虚心向别人学习

虚心向别人学习是你制胜他人的唯一法宝。

——巴菲特

人的能力是有限的，生活中有许多事情是自己力所不能及的。虚心向别人请教，我们可以获取许多有用的信息。对于很多人来说，一生中有许多经历会让人留下刻骨铭心的经验，能够分享别人的经验，无疑会极大地丰富自己。

巴菲特说过："知道怎样谦虚地听别人说话，以及怎样让他人开启心扉谈话，是你制胜他人的唯一法宝。"

也许你常常把自己能独断独行当成是一件自豪的事情，而把听取别人的意见当作可耻的事情，这其实正是你的谬误之处。因为当人家拿许多意见来供你参考时，正是你可以利用这些意见将事情做得更加完美的机会。错过了这么好的机会，损失最大的将是你自己。富兰克林说过，人类天性中最深切的动力是"做个重要人物的欲望"。虚心向对方请教不但能使他人觉得自己重要，也能使你赢得友谊与合作。

有一次，巴菲特开车到邻国旅行迷失了方向。于是就停车向一群农人请教到下一个市镇该走哪条路。这么一问，效果惊人。那些穿着木鞋的农人，认为所有开汽车的人都是有钱的。那里汽车很少，这部汽车对他们来说简直是稀奇物。巴菲特一定比他们有钱，但巴菲特毕恭毕敬地向他们请教到下一个市镇该走哪条路时，这就使他们觉得自己非常的重要，立刻指给了巴菲特一条最为快捷的道路。

虚心向别人请教，相信你会收到良好的效果的。例如，卡特尔就运用这一品德获得了很大的成功。

卡特尔是铅管和暖气材料的推销商，多年以来一直想跟布洛克林的某一位铅管商做生意。那位铅管商业务极大，信誉出奇的好。但是卡特尔从一开始就吃足了苦头。那位铅管商是一位喜欢使别人窘迫的人，以粗鲁、无情、刻薄而著称。他坐在办公桌的后面，嘴里衔着雪茄，每次卡特尔打开他办公室的门时，他就咆哮着说："今天什么也不要！不要浪费我的时间！走开吧！"然而有一天，卡特尔先生试了另一种方式，不但与这位铅管商建立起了生意上的关系，还交上了朋友，并得到了可观的订单。

事情是这样的：

卡特尔的公司正在商谈准备在长岛皇后新社区买一家公司。那位铅管商对那个地方很熟悉，并且做了很多生意，因此那一次，当卡特尔去拜访他时，就说："先生，我今天不是来推销什么东西的。我是来请你帮忙的，不知道你能不能挤出一点时间和我谈一谈？"

"我们的公司想在皇后新社区开一家公司，"卡特尔先生说，"你对那个地方了解的程度和住在那里的人一样，因此我来请教你的看法。"

这位铅管商立刻对他客气起来："请坐请坐。"他拉了一把椅子，一谈就是一个多小时，他详细地解说了皇后新社区的特性和优点。他不但同意那个分公司的地点，而且，还告诉卡特尔一家铝管批发公司应如何去展开业务，怎样才能做得更好。另外，他还向卡特尔先生倾诉了自己最近遇到的烦心事。

"那天晚上当我离开的时候，"卡特尔先生说，"我不但口袋里装了一大笔的订单，而且和铅管商也建立了牢固的业务友谊。这位过去常常吼骂我的家伙，现在常和我一块儿打高尔夫球。这个改变，都是因为我虚心向他请教，而使他有一种是'重要人物'的感觉。"

一个真正追求成功的人只是把眼前取得的成就看作对过去的一个总结而已。在这一点上居里夫人堪称典范。

有一次，一位朋友到居里夫人家做客。他发现，居里夫人的女儿手中正在玩弄着英国皇家学会最近授予居里夫人的一枚金质奖章。他不禁大吃一惊，忙问："夫人，这是一枚象征着高尚荣誉的奖章，你怎么能让孩子随意拿着玩呢？"

居里夫人回答："我只是想让孩子从小就知道，荣誉就是玩具，只能看看而已，绝不能永远去守着它，否则就会一事无成。"

正是居里夫人这种不断进取的精神，成就了她成为迄今为止世界上唯一两次获得诺贝尔物理学奖的女性的荣誉。人类需要探求的知识是无穷的，只有那些虚怀若谷、得意而不忘形、不断前进的人才有可能实现更高层次的追求。

忠告2　忍耐是成功的积极要素

忍耐是成功的积极要素。

——巴菲特

巴菲特特别欣赏中国的一句古话："小不忍则乱大谋。"他认为，忍让是一种眼光和度量，能克己忍让的人是深刻而有力量的，是有雄才大略的表现。他自己这样想、这样做，同时，也要求自己的子女们这样去做。

"要是自私的人想占你的便宜，就不要去理会他们，更不要想去报复。当你想跟他扯平的时候，你伤害自己的比伤到那家伙的更多。"巴菲特的这句话很耐人寻味。

苏茜的上级领导是个特别爱发脾气的人，苏茜问巴菲特对付此人的妙招。巴菲特说："制伏一个大发脾气的人，再没有比'忍气吞声'更好的了。"

忍，真不愧为人们处世和处事的高招，不愧为人们做工作的杠杆和干事业的捷径。人生中有很多幸福的经历，也有很多糟糕的经历，唯有学会忍耐，才能游刃有余。

几多痛苦，几多折磨，几多困难，几多险境……几乎每个人在生命的旅途中，都会受到命运之神的捉弄。当你不甘心做命运的奴仆而又未能扼住命运的咽喉之时，必须学会忍，让所有的痛苦都在忍耐中得到淡化，让所有的眼泪都在忍耐中化作轻烟。

忍耐并不是逆来顺受，屈服于命运之神的诱惑与调遣。生活的沧桑使生命的深渊埋下难言的隐痛，忍耐却可以使人相信，隐痛必定消失，暴风雨过后的天空更加明丽。

忍耐也不是消极颓废，在沉默中悄然降下信念的风帆。颠沛的人生使人感到迷离恍惚，忍耐却把难熬的寂寞、忧愤、艰辛强压心底，不使它偷偷钻出来、浸开去，甚至倾斜心灵的天平。

忍耐是意志的磨炼，爆发力的积蓄；是用无声的奋斗冲破罗网，用无形的烈焰融化坚冰。在忍耐中发愤，在忍耐中拼搏，倔强的心灵在忍耐中承受，人生才能焕发出奇光异彩。生命的负重往往也正是生命的光荣，世间那高耸的丰碑、辉煌的业绩都诞生于忍耐之中。学会忍耐，学会在忍耐中锲而不舍地追求，在忍耐中更深刻地感悟人生。“天才，无非是长久的忍耐！努力吧！”莫泊桑实践了福楼拜的这句赠言，最终成为世界文坛的一颗耀目的星。

人的一生，很少能够进展顺利、毫不费力地完成一件事，各种各样的阻力或意见不合都会导致事情无法顺利进行，这就需要我们学会忍耐。有的人认为，所谓忍耐就是“一味地容忍、忍让”，巴菲特说：“但我提到的忍耐绝对不是这样。我所说的忍耐是完成大业之前为取得成功而积蓄的力量。”

忠告3　不走极端

不走极端，需要忍耐。

——巴菲特

有一次，苏茜的一位朋友因一点小事与别人发生了争吵，一怒之下就打了那人几巴掌，那人当时就晕倒了。最后，医生诊断那人的耳朵失聪了。

苏茜的朋友事后后悔不迭地说：“当时听你的，忍一忍也就没事了。”

苏茜说：“忍让，是我父亲对我们一直以来的教育。”

不错，现实生活中有许多矛盾，很多都是鸡毛蒜皮的小事，只要忍一忍也就化解了。但要做到这一步却很不容易。

从古到今，中华民族都有关于“忍”的经典故事，蔺相如让廉颇，忍得廉颇放弃傲慢，求得将相的团结，“将相和”的故事流传千年；韩信忍得胯下之辱，成就了汉王朝的大业。

一个人要达到忍的至高境界，那他面对挫折就能坦然，面对嘲讽，就能凛然，面对名利，就能淡然。

要达到最高境界，需要锻炼，需要磨炼。我们要从日常小事做起，一点一滴去养成，由小到大，由浅到深，由不习惯到习惯，让自己成为一个有修养的人。

我们提倡忍的精神，要宽以待人、忍辱负重、平和达观，不要在一些小问题上斤斤计较，坠入“非此即彼”的极端思想；要大事清楚，小事糊涂。但，忍要有度，要忍在适当处，不是什么都一味去忍，变成一个麻木、怯懦、奴性十足的人。当坏人作恶，你不能忍，当别人有难请你相助时，你忍不得……忍，如果去掉心，那就失去了良心和道德，那你的忍就是残忍，就是罪恶。所以我们要把这个忍字用到适当处。

在人与人之间的日常交往中，宽容忍让是一种可取的人生态度。正是这种精神，使我们家庭关系稳定、人际关系和谐。我们与家人、朋友、同事，甚至路人在不同的场合交往接触，总免不了有意见相左、磕磕碰碰的时候，只要不是原则性的问题，各自主动退让、宽以待人、少计较得失，有利于减少矛盾、维护人际的和谐，于人于己，都是有益身心的事情。尤其在现代社会，人们出现过于计较个人功利的倾向，这种宽容忍让的精神更是应当加以提倡。忍字心上一把刀，这个字告诉我们：“忍”必须有巨大的克制力!

在对子女们进行了那么多次有关宽容的教育后，巴菲特有些担心，他担心子女们过度宽容，而变成没有原则的忍让，进而让自己受伤，所以他要提醒子女们——忍要有度，因为，忍，是一种痛苦，是一种考验，是从幼稚到成熟的转变，是人格和品行的至高境界；忍是一种理智，是感悟人生的一种智慧，是经历挫折后的一种持重。

但是，什么事情都不能有极端，宽容也要有度。忍让精神在某些情况下是坏事而不是好事。大者，在民族利益面前不能软弱忍让，在关系到法律尊严的原则事情不能忍让，比如遭受不法侵害却忍气吞声，让犯罪者逃之夭夭，这实际上是纵容了犯罪；小者，在牵涉个人尊严、人格、权益的事情上不该忍让。当别人出于恶意损害了你的个人利益时，你还一味地忍让，打你的左脸还送上右脸，这便是缺乏自尊、软弱无能的表现了。在现代社会，我们每个人都应当学会利用法律、法规以及其他有效办法来维护自己的合法权益，捍卫自己的尊严，这是现代人在社会求生存求发展必须学习的。比如老板无理扣压薪金、遭遇上司猥亵、物业管理乱收费、居住环境受污染等，都是不应该忍让的事情，从大的方面来说，每个人在维护自己的合法权益的同时也是在捍卫法律的尊严，只有全民大众都这样做，法律才真正地服务于社会，社会才能更完善，人际关系才会更加融洽。

有这样一则小故事：

一条大蛇危害人间，伤了不少人畜，以致农夫不敢下田耕地，商贾无法外出做买卖，大人无法放心让孩子上学，到最后，每个人都不敢外出了。

大家无奈之余便到寺庙的住持那儿求救，大伙儿听说这位住持是位高僧，讲道时连顽石都会被点化，无论多凶残的野兽都会被驯服。

不久之后，大师就以自己的修为驯服并教化了这条蛇，不但教它不可随意伤人，还点化了蛇许多做人处世的道理，而蛇也在那天仿佛有了灵性一般。

人们慢慢发现这条蛇完全变了，甚至还有些畏怯与懦弱，于是纷纷欺侮它。有人拿竹棍打它，有人拿石头砸它，连一些顽皮的小孩都敢去逗弄它。

某日，蛇遍体鳞伤、气喘吁吁地爬到住持那儿。

“你怎么啦？”住持见到蛇这个样子，不禁大吃一惊。

“我……我……我……”大蛇一时语塞。

“别急，有话慢慢说！”住持的眼神满是关怀。

“你不是一再教导我应该与世无争，和大家和睦相处，不要做出伤害人畜的行为吗？可是你看，人善被人欺，蛇善遭人戏，你的教导真的对吗？”

“唉！”住持叹了一口气后说道，“我只是要求你不要伤害人畜，并没有不让你吓吓他们啊！”

“我……”大蛇又为之语塞。

一定的忍让是应该的，但不要一味地忍，过分的忍就变成了一种懦弱。凡事都有一个度，把握好这个度，才是正确的处世之道。

忍一时，风平浪静；退一步，海阔天空。这句古话的意思是让我们在某些特殊情况下，不要一味使用莽劲去碰壁，而应该分析局势，做出某些以退为进的决策。

忠告4　宽恕是与过去言和的内心活动

宽恕是与过去言和的内心活动，把陈年的旧账整个关掉。

——巴菲特

闲暇之余，巴菲特总是愿意给女儿讲一些他朋友的故事。这一次，他讲的是一个犹太朋友的事。

“数年前，我的一个朋友常常问人：你觉得生命中最重要的东西是什么？她得到的回复八九不离十，都是身体健康、相亲相爱、金钱充裕、生活无忧之类，而且往往附有解释，仿佛那些回答的人自己也不确定，必须罗列出种种理由来合理化自己的答案似的。

“有一天，我的朋友也拿同样的问题去问她的父亲。当时他们在厨房里，父亲正在为自己泡咖啡，他的答案简单、沉静、毫不犹豫，而且无须批注：宽恕。

“朋友的父亲是犹太人，家人都在第二次世界大战的浩劫中遇害。他后来再婚，并且移民澳洲，我的朋友就在那里出生。我看过他家人的照片，存放在一个老旧的锡盒里，是悲剧发生后家人唯一的遗物。照片上的人跟你我没有两样，浑然不觉厄运即将来临。其中一个小女孩的照片给人的触动最深。你看着她，可以想象她去上学、玩耍、跟爸妈聊天的情景。一个美丽的小女孩，就这样从这个世界消失了。我曾经试图理解，朋友的父亲在得知失去女儿，以及妻子、父母、兄弟姊妹、工作、家园——那一刹那的心情。我体会不出来。我只能模糊地想象那一刻的惊恐、难以置信，以及不堪忍受的痛苦。

“可是，这个朋友的父亲却能宽恕。不仅如此，他还特别点出，宽恕是最重要的价值观念。我认为这样的心态是一场超凡的胜利。幸而有这场胜利——更甚于电子学、基因学、航空航天学——人类文明才有继续的可能。幸而有这个人，以及众多如他一样的人，我们才没有完全沉沦于野蛮人的状态。”

宽恕是无比重要而珍贵的，因此我们绝不能以小道视之或是像看漫画一般一笑置之。宽恕并不等同于既往不咎。如果一个人是过去某个不公平事件的受害者，他可能会害怕历史重演，或是担心它的重大意义被冲淡。因此，我们必须保持沉默。

宽恕的意思单纯是不愿意再为一桩陈年旧事而把愤怒越养越大，从而毁了生活。没错，一个人愿意宽恕，可是他会清楚地记得这件事对他的伤害，以后更会小心留意，别让它再发生。宽恕的人依然可以活在一个并不容忍不义的世界里，他只是不让自己的警戒系统永远开启，枪炮随时对准敌人。

宽恕也不是自以为是的正义，以为自己在道德上高人一等，所以一方面为自己的高贵情操和慷慨大度自诩，一方面却还记挂着那个不善待自己的可怜傻瓜，念念不忘他对自己的所作所为而饱受煎熬。不是的，宽恕是与过去言和的内心活动，把陈年的旧账整个划掉。

这个决定一点也不容易。因为它是个无关理性的决定，因为账是怎么算也算不平的。你怎么可能忘记让你伤痛多年的旧恨，如某人诽谤中伤毁了你的一生，或是背叛让你的家庭四分五裂？这样的伤害要如何弥补？如你心爱的人被一个酒醉开车的人撞死，这样的损失是任何言语、多少金钱都赔偿不了的。宽恕是所有理性逻辑、数学公式的反面。宽恕同时也是危险的——甚至有宽恕的感觉都很危险。这不是因为宽恕会让我们陷于再度受伤的危险，而是因为我们会自觉软弱，弱点被暴露于外。我们觉得软弱，是因为面子问题，它有如攀附着一根老木的藤蔓，现在紧缠着我们受到的错误不放。我们觉得宽恕那人有失骨气，因此辗转难安。反之，如果我们不宽恕、愤恨和羞辱那人或许会带来虚假的力量，支撑住我们的骨气。问题是，这是我们真正想要的吗？

我们甚至不必将宽恕视为无怨无恨——一种感情的真空状态，也不必将它视为紧张情绪的宣泄，犹如肌肉紧绷多时后的松弛。宽恕是一种正向的人格特质，它包含了快乐，也包含了对他人的信心，表现出心灵的泱泱大度。它非关逻辑、出人不意，有时更是非常人所能及，它让我们从仇恨的古老锁链下解放出来。无论是谁行了宽恕，都会觉得心神振奋、心灵升华。

很多即使小小过错都不肯宽恕的人，他们的生活永远是阴霾满天，尽是沉默的抗议。他们曾经受到的伤害历历如绘出现眼前，像是不断回放的影片。肌肉、语气、面部表情，无不显示出他们依然被禁锢在10年或20年前的旧恨当中，他们愤恨难消，每天起床就是为了报复那个冒犯行为，仿佛依然受到被伤害的荼毒。在他们潜意识里时间并不存在，过去犹如活生生的现在。

绝不宽恕的心态会带来无穷的伤害。我们不妨把不肯宽恕的人比喻成一座交通完全堵塞的城市，车辆寸步难行，只好一面排着废气一面干等，尾气污染了整个天空；垃圾无人收拾，只好放在路边，满溢的垃圾桶内生腐发臭；人们垂头丧气、动弹不得，工作做不了，也无法和他人联络。没有人喜欢这样的生活。这就是不宽恕的状态：死水般呆滞的仇恨制造出更多的仇恨，阻塞了活力，捆绑了思想，毒害了生活。

所以，巴菲特对他的子女们说，“只要记住一个基本原则，你我对宽恕就会有更多的认识：人体每个组织都会相互影响。感情影响身体；某个器官的运作影响其他所有器官；过去影响现在，现在又影响未来；你跟某人的关系影响到你和他人的关系；以此类推。这些错综复杂的互动关系在宽恕上尤其显见。”

“举个例子，假设12年前我的叔叔得罪了我，而我一直都无法忘怀，这段记忆就会影响到我跟乔的关系，因为他是叔叔的儿子。如果我把爱车借给朋友雪莉，她还来的车子却有了一道严重刮痕，这件事很可能会改变我对借贷、车子甚或人的态度。如果我和一个女孩谈过一场美好而刻骨铭心的恋爱，可是最后受伤至深，要是我永远不宽恕这样的伤害，我可能对女性从此没有安全感，说不定还会不信任和憎恨女性。”

研究显示，我们每个意念都会影响到身体的每个细胞，每个意念都会影响血压，因而影响到身体所有部位的血流，人体的生理机能能够感受到我们意念的好坏。那么，我们要制造仇恨、报复的念头，还是友爱和快乐的思维呢？

一个有名的实验中，研究者请受试者回忆两个背叛的经历。受试者被联机在多部压力探测机器上，血压、心跳、额头肌肉的紧张程度和皮肤反应一一被记录。结果非常明显：不愿宽恕的人压力较大，而愿意宽恕的人健康问题较少，也较少去看医生。另一个研究显示，宽恕的人身体状况较佳，较少有焦虑、忧郁之苦。宽恕，能使人身心愉悦。

英国前首相威尔逊在一个广场上举行公开演说，当时广场上聚集了上千人，突然从人群中扔来一个鸡蛋正好打中他的脸，安全人员马上下去搜寻闹事者，结果发现扔鸡蛋的是个小孩。威尔逊得知之后，指示属下放走小孩，并当众叫助手记录下小孩的名字、家里的电话与地址。

台下的听众猜想威尔逊可能要处罚这个小孩子，开始骚动起来。这时威尔逊对大家说：“我的人生哲学是，要在对

方的错误中去发现我的责任。方才那位小朋友用鸡蛋打我，这种行为是很不礼貌的。虽然他的行为不对，但是身为一国首相，我有责任为国家储备人才。那位小朋友从下面那么远的地方能够将鸡蛋扔得这么准，证明他可能是一个很好的人才，所以我要将他的名字记下来，以便让负责体育发展的工作人员注意栽培他，他将来也许能成为棒球选手，为国争光。”威尔逊的一席话把听众都说乐了，他接下来的演说使听众感到更有亲和力。尊重他人，宽容谅解他人，特别是对一个不懂事犯了错误的小孩，更是一个人心胸宽广的表现，它能为我们赢得更多人的尊重，赢得更多人的宽容和谅解。

宽容的人生是智慧的人生。就像海洋极谦逊地接纳了所有的江河，所以才有了天下最壮观的辽阔与豪迈！宽容是对他人失误的容忍，是对他人伤害的忘却。宽容更是一种释怀，是对自己的善待。成功人士大都懂得宽容之道，即便是与对手争锋之时，他们也知道对敌人宽容是一种巨大的力量。相反，不宽容实际上是一种不明智的表现，那些不宽容者忽略了人类最起码的常识：他人不仅是你的地狱，更是你的镜子。你冲镜子里面的人冷嘲热讽、满脸愤怒，镜子里面的人也会以同样的方式来回敬你。宽容者得到宽容，不宽容者得到的是仇恨、狭隘与不快。如果你不会宽容，而是习惯对他人刻薄，那么他人必将以牙还牙。所以，一个心胸狭窄、没有度量的人，他的刻薄在伤害了他人的同时，也将伤害自己。

宽容是一种生存的智慧和生活的艺术，是看透了人生以后所获得的从容、自信和超然。在宽容面前，争吵和计较大可不必，即使你拥抱着真理也不妨多一点宽容。也许有朝一日你也会犯不可挽回的错误。宽容他人的错误，就是宽容自己的错误。

宽容他人，其实就是宽容我们自己。对他人多一点的宽容，我们就会多一些朋友，少一些对手。多个朋友多条路，我们生命中就会多一些轻松快乐的空间，多了一些自由的选择。在有朋友陪伴的人生路上，才会有关爱和扶持，才不会有寂寞和孤独；只有有朋友的生活，才会少一点风雨，多一点快乐和阳光。

宽容同时也是力量和自信的标志，是事业的得力助手，更是提升人生境界的一种良好心态。

一位作家曾说过这样一句话："如果大家希望享有自由的话，每个人均应采取两种态度：在道德方面，大家都应有谦虚的美德，每人都必须持有自己的看法，不一定是对的态度；在心理方面，每人都应有开阔的胸襟与兼容并蓄的雅量来包容与自己不同甚至相反的意见。换句话说，采取了这两种态度以后，你会包容我的意见，我也会包容你的意见，这样大家便都享有自由和快乐了。这不仅是自由和快乐，更是开阔了我们共同的生存空间。"

忠告5　量大则福大

量大则福大。

——巴菲特

巴菲特总是跟爱斤斤计较的妻子说，吃亏是福。但几十年了，妻子没有任何改变，于是巴菲特寄希望于自己的儿女，希望他们能够做到这一点。令他欣慰的是，他的三个儿女都长成了宽容大度的人，受到身边人的喜爱。

社会生活中，和谐的生活需要大家都拥有一颗宽容的心，坚持自己的个性，也容忍他人的脾气。宽容不是对原则问题的让步，而是对他人的一些非原则性的缺点和过失的宽容和谅解。如此，我们才能活得更快乐、祥和。

智者说："量大则福大。"意思是说，人有了一颗宽容的心，就能获得最大的福缘。因为一个人能容得他人所不能容的，所以他必将拥有别人所不能拥有的。在生活中，我们以宽容之心对待别人，这更是做人的一种胸怀，一种美德，一种气度，一种人格魅力。

无可否认，有时候怒火就是不肯止息。如果我们是某桩不公事件的受害者，例如有人偷了我们的钱财，我们会怒火中烧。愤怒会在内心啃噬我们，或是以破坏的方式表现于外。然而，承认自己愤怒说不定就够了。是的，当我们承认自己义愤填膺，便已觉得好过一些。不过，气愤可不是芝麻小事，它是一种生理现象。我们血脉偾张，任由仇恨蚕食心灵，食不下咽，心情沉重，看到某人就头痛或如芒在背，这些往往都是气愤表现于外的生理反应。而如果我们容许它有存在的余地，我们会有不同的感受，说不定更可主动决定如何应对。与其任由它向外爆炸或是炸伤内心，不如以建设性的方式将它表达出来，在不伤及任何人的情况下承认我们的权利，或是将悲愤化为力量，用以推动自己的计划。可是，我们不能光是把它扫进地毯下盖住，视若无睹。我们一天不面对气愤，它就会继续存在一天，仁慈在我们心中就不可能有容身之地。

另一个重要因素，主要是用在我们认识施害者的情况下：以同情心去体会得罪我们的人的心情。如果我们为那人设身处地地想想，明白他的用意和他所受的痛苦，宽恕会比较容易。我们会知道他为什么做出那种行为来。宽恕的脑波和同情心发生在大脑的同一个位置，这并不是巧合。

因此，如果我们将心比心，如果我们别那么在意是非判断，而是多一点体谅之心，如果我们够谦卑，愿意放弃正义使者的身份，如果我们够有弹性，肯将过去的伤痛和愤怨抛诸脑后，宽恕就有可能。学会了宽恕，我们的人格可以焕然一新。

有这样一个故事：从前有个食古不化、专断独行的国王，硬要大家称他为“睿智而高贵的神”。他喜欢这个名号，对它非常向往。有一天，他发现有个老人不肯这样称呼他。国王将那个老人找来，问他原因。

“我不是因为叛逆也不是不敬，纯粹是因为我不觉得你是那样的人，”老人说，“要是我这么称呼你，那我就是不真诚。”

老人为自己的真诚付出了昂贵的代价——国王把他关进一个恐怖的监狱里。一年后，又把他召到眼前。

“你改变心意了吗？”

“很抱歉，我还是觉得你不是那样的人。”他又被放到黑牢里关了一年，三餐只有面包和水。老人更消瘦了，可是心意依旧不改。国王很生气，但也感到好奇。他决定释放他，暗自跟踪他。老人回到自己的陋屋，受到妻子热烈的欢迎。

夫妻俩谈话的当儿，国王躲在暗处偷听。女人埋怨国王，怪他把自己的丈夫关了两年，又如此虐待他。

可是老人的想法不同。“他没有你想的那么坏，”他说，“再怎么说，他是个好国王。他照顾贫苦人、修筑道路、建设医院、制定公正的律法。”

国王听了非常感动。老人对他不但毫无怨尤，反而看到他的优点。国王内心翻腾不已，悔恨交加。他流着眼泪从藏身处走出来，站在老人夫妇面前说道：“我太对不起你们了。我做了这么坏的事，你却不怨恨我。”

老人非常惊讶，说道：“我刚才说的都是真心话，睿智而高贵的神。你是个好国王。”

国王吓了一跳：“你刚才称我睿智而高贵的神？”

“因为你具备了请求宽恕的能力。”

宽恕的能力为什么根植于仁慈当中？当我们背负着憎恨

的重担，我们不可能仁慈；当我们过于自尊，放不下身段请求宽恕，我们不可能仁慈；当我们的感情因为受罪恶或报复的沾染而变了色，我们也不可能仁慈。

唯有不再受过去左右，我们才能够仁慈。

不过，有时候宽恕有如缘木求鱼，虽然我们努力过，内心的宽恕却无踪无影。 犯行太重，伤害太深，宽恕似乎绝无可能。 不过，我们依然可以找到出口，这样的情境正好可以让我们了解宽恕真正的意义。 我们必须改变自己的观点，很多问题若以目前的情境观之永远无解，我们必须学会从另一个角度看事情。

举个例子，你正走在市区路上，走到某个街角的时候，有个人没有看路一直奔跑，他撞倒了你，却还是头也不回地继续跑，连声对不起都没有。 碰到这种情形，任谁都会生气。可是，想象你从某个高塔顶端看到了这一幕。 你看到两个人相撞。 不止如此，你还看到市区有很多其他的人以及建筑物、汽车、公园，远处有个足球场或机场，看到很多工厂和周遭的村镇。 你从远处观看，不但一切尽入眼帘，而且带着某种程度的抽离。 如此这般，你就是从另一个角度看事情。 那场小小的意外在你眼里变得不一样了。 它的严重性大大降低了，因为你从一个放大的空间、遥远的地方来看它。

对于我们的问题、伤痛、执着、焦虑，我们也可以用同样的方式应对。 我们可以从远处观察它，就像把自己搬到内心的某个地方去。 我们会找到核心，一个无伤无痛的地方，一个健全、开放、坚强的所在。 我相信，即使受伤最重的人也拥有一个健全的内心。 他们只是遗忘了它。

我们要如何找到这个完整无瑕、没有被生活丑恶面所沾染、妥协所腐化、忧愁所重压、恐惧所变弱的核心呢？ 每个人的答案都不相同。 有人以静坐冥思和内心这个充满喜乐的方寸之间重新得到联结；有人通过体能活动；有人因为照顾受苦受难的人而看清了自己的本来面目；也有人通过美善、祷告、反躬自省。 我们各有各的方式，和这个健康的核心、真正的自我重新取得联系。 如果我们不得其门而入，不妨现在就开始寻找。 这会是我们一生当中辉煌的探险之一——说不定是最辉煌的一场探险。

一旦我们回归到这个核心，即使只是一刹那，那些争斗、憎恨在我们眼里会变得荒谬可笑，纯粹是浪费时间。 很多人在观点、立场改变后，心态也截然不同。 如果直截了当地问他们，是否愿意宽恕那些不断蚕食他们的创伤，十之八九他们会说不可能。 可是如果能帮助他们找到内心那个有更多喘息空间、爱与美无所不在的所在，那么无须多费工夫，宽恕已经在那里了。

如果我们在内心找到一个完整而快乐的所在，宽恕已是水到渠成，我们的身躯无须费力，心理也无须走钢索，恐惧、疑虑、报复之心也将飘然远去。 宽恕会变成世上最容易的事，因为我们无须做什么，它已经自然存在。 仁慈亦然。 要变得仁慈，我们什么也不用做，因为我们已经仁慈。

唯一的条件，巴菲特总结道：是我们要允许自己成为这样的人。

◇ 谦虚＋宽容 ◇

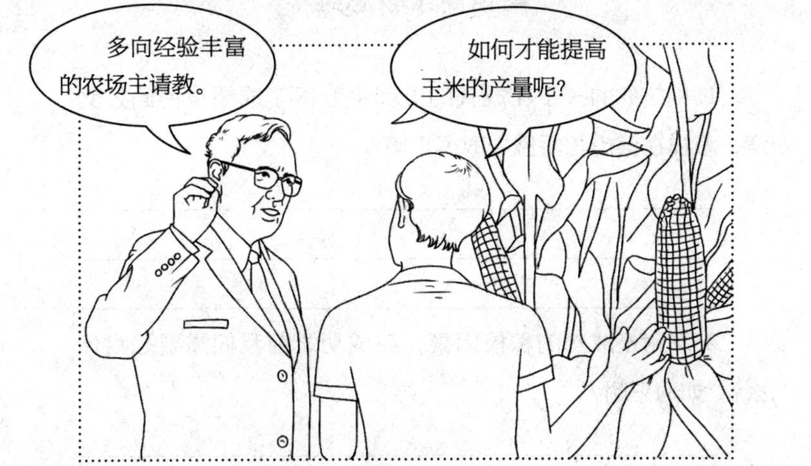

巴菲特说过：“知道怎样谦虚地听别人说话，以及怎样让他人开启心扉谈话，是你制胜他人的唯一法宝。”

忍耐是意志的磨炼，爆发力的积蓄；是用无声的奋斗冲破罗网，用无形的烈焰融化坚冰。在忍耐中发愤，在忍耐中拼搏，倔强的心灵在忍耐中承受，人生才能焕发出奇光异彩。

高情商家教思维

1. 相信你的孩子在成长的过程中取得了成绩也得到过奖章，怎样在谦虚与骄傲中取得平衡？

2. 忍耐是成功的积极因素，在成功之前我们需要忍耐什么？ 如何忍耐？

3. 怎样区分忍耐与懦弱？

4. 宽容的人生是智慧的人生，总结一下自己和孩子都宽容过哪些人和事？

5. 你愿意自己的孩子成为一个仁慈的人吗？ 为此做过什么或者准备如何做？

第六章

心态 +气质：做一个内外兼修的孩子

忠告1　心态决定命运

心态决定命运。

——巴菲特

巴菲特仔细观察了一些愿望总也无法实现的人和始终无法成功的人，发现这样的人经常说出这种话："都是周围的环境太差才无法成功""都是因为条件太恶劣了"……甚至还有人转嫁责任说出这样的话："我之所以会这么穷都是因为父母太失败了，我运气这么差也都怪我的父母。"

然而事实上，可以说成功与否和环境、条件没有丝毫关系。思考方式决定着一个人的意志和干劲，即便周围的环境和条件十分险恶，也因此才有可能去克服重重困难。换言之，正因为在恶劣条件下挣扎过、痛苦过，也磨炼过，一个人才能坚强起来，成长起来。恶劣的条件不只有一方面，来自多方面的残酷境遇或者被逼入绝境的体验，都是取得成功或达成愿望的催化剂。

据说挖掘新客户的销售员都是从陌生环境和恶劣条件下获得成功的。反之，只知道巡回销售（售货员定期在一定地区巡回销售产品）的销售员无论到什么时候都难以有很大成就。

理由很简单，所谓的巡回销售不过是全部依靠公司业已达成的条件，然后根据上司的指示抑或公司的经营指南来进行销售。

可挖掘新客户是不能一味地依赖公司已有的业绩的，就算条件恶劣，也必须绞尽脑汁、用尽办法去吸引新客户的眼球，当然，也要做好承担风险和失败的准备。虽然有风险，但是在挖掘新客户的过程当中，也能汲取到不少与商业技巧有关的知识，自信心也会有所提升，这么一来就为成功提供了充足的养分。或许当你意识到的时候条件已经完全好转，你也成功挖掘了不少新客户。

严格来讲，并不是不好的条件有所好转，而是你有了良好的心态，会把恶劣的条件当成对自己的考验。

经常会有人提这样的问题："实现愿望的秘诀是什么？"要说秘诀，也是根据具体情况来定，但最基本的内容都是一样的。很多人都认为是调整好自己的心态，一定要朝积极的方向转变。为此，首先要对目标投入极大的热情与干劲，其次坚定信念也很重要。

在尝试以达成愿望和成功为目标之前就很不安地抱有"我实在是没自信啊""真的能成功吗"这种想法的人，一定要摒弃这种消极想法。自信也并不是一开始就有的，而是开始行动之后才慢慢建立并逐渐累积起来的。

京瓷株式会社的创始人稻盛和夫从学生时代起就不擅长英语，尤其是英语对话。他创立了京瓷株式会社后不久，就经常谈到自己英语很糟糕的事实。20 世纪 60 年代，日本国内对陶瓷制品几乎没有需求，他不得不考虑将销售重心转移到国外。

为此，稻盛先生不知道跑了多少趟美国。 而当时没有翻译，双方都因听不懂对方的话而无法顺利沟通，给交流造成了很大的困扰。 可如果不想办法将交易进行下去的话，好不容易成立起来的公司就将毁于一旦。

陷入了进退两难境地的稻盛先生，突发奇想地采取了以下策略：既然语言不通，不如舍弃语言直接采取心灵与心灵的沟通方法；抱着坚定的信念与热情，用积极的态度把自己的心情和想法展示给对方。 没想到对方竟然真的理解了他想表达的内容，他成功地与得克萨斯州的某家公司签订了制造用于阿波罗计划的零部件的订单。 不久之后，他们还接到了来自用于 IBM 计算机零部件的一大批订单。 以此为契机，京瓷株式会社快速成长起来。

稻盛先生取得成功的关键就在于他并没有因语言不通就放弃，而是将这一不利条件变为有利条件，并充分向对方展示出己方的热情与信念。 但是，即便能用英语交流，如果没有热情与信念的话，别说后来签订的大批订单，或许当初连美国都去不了吧。

柯尔先生和史密斯先生两人都在一家很有名的餐厅学习多年，同时出师并在同一时期开办了咖喱餐厅。 二人的手艺自然是无可挑剔，不过硬要分个高低的话应该是柯尔先生的餐厅略显逊色。 因为和史密斯先生开在车站附近的商业街的餐厅不同，柯尔先生的店离车站要远些，布局设点条件不是很好。 此外，史密斯先生在店铺的内部装潢上也下了不少本钱，与之相比，柯尔先生的餐厅就稍显简陋了。

开业之时，了解两人情况的人都发出这样的感慨：

“两个人要论手艺确实是不分上下。不过柯尔先生的店开得太偏僻了，被淘汰也只是时间问题吧。”

然而三年后，柯尔先生完全颠覆了众人预测的结果。与大家的猜测相反，柯尔先生的店铺非但没有关门，反而生意越来越好；反观当初大家都看好的史密斯先生的店铺，却逐渐失去客源，处于门可罗雀的状态。

出现这样的情况也是事出有因，关键在于二人的心态。只要客源没有增加，史密斯先生就不由得开始担心自己的店倒闭了怎么办，这致使他一直抱有消极的心态。而柯尔先生就不同了，哪怕好几天没什么客人光临，他都坚信自己生意一定会兴隆起来的。

也就是说，史密斯先生不具备坚信自己能成功的良好心态，一旦前来就餐的人不多，他就倍感不安、心情沮丧，然后脑子里就不断出现消极的事情，结果就发生了不尽如人意的事情。而柯尔先生只是抱着“我一定把店开得红红火火的给你们看”的坚定信念，即使在没有客人登门的情况下，也一直保持乐观的心态。

柯尔先生正是以积极的心态去做买卖，所以生意才越来越好。

有一户人家的菜园里有一块大石头，到菜园的人不小心就会碰到那颗大石头，不是跌倒就是擦伤。

儿子问：“爸爸，那块讨厌的石头，为什么不把它挖走？”

爸爸这么回答：“你说那块石头啊？从你爷爷那个时候就放在那里了，它那么大，不知道要挖到什么时候才能挖出来，没事无聊挖石头还不如走路小心一点。”

几年过去了，当年的儿子娶了媳妇，当了爸爸，那块大石头还在那里。

有一天，妻子气愤地对丈夫说：“菜园那块大石头把我绊倒过好几次，我们改天请人把它搬走吧。”

当年的儿子说：“算了吧！ 那块大石头很重的，要是那么容易搬走的话，我和爸爸早就搬走了，还等到现在？”

在一旁的老父亲也跟着说：“是啊！ 是啊！ 要是好搬，不用说和我儿子搬，我和我爸爸早就把它搬走了！”

媳妇心底非常不是滋味，那块大石头不知道让她跌倒了多少次。 她决定自己试一试。 一天早上，媳妇带着锄头和一桶水来到园子里。 她将整桶水倒在大石头四周。 十几分钟以后，媳妇用锄头把大石头四周的泥土搅松。

她原以为至少要挖一天，不一会儿，石头就被挖出来了，看上去这块石头也没有想象的那么大，只是不少人被那个巨大的外表蒙骗了。

你觉得石头大、石头重，便不会有搬动它的信心，更不会有去搬它的行动。 蒙骗人的不只是事物的外表，还有你消极的心态。 要改变你的世界，首先必须改变你的心态。 如果你的世界沉闷而无望，那是因为你自己沉闷无望。 我们的身边有很多这样的人，他们说：“公司从成立开始就是这样，如果还能改进，那些老板、董事、经理人早就做过了，还用得上我吗？”或者“天那么高，哪能上去啊，想都别想了，还是老实地待在地上吧！”……如果大家都这样想，恐怕世界上就没有知名的企业，因为没有人敢改革、敢创新；世界上也不会有技艺精湛的厨师、技工、演员、作家，不会有天文学家，不会有飞机、火车、轮船的发明，因为一切都很困难，困难得让人不敢想。

无望的心态随时随刻都暗示你会失败，失败是你蓄意暗示自己的结果。如果你的心态积极，你就会有热情、有信心、有智慧……有一切，自然也有成功。

一个年轻人不知道自己应该干什么，觉得自己一生没有多大希望了。在迷茫中，他去找一位智者，想看看自己到底还有没有什么转机。

智者说："你现在处境不好，是不是？"

"是啊！"年轻人有些吃惊，也有些丧气，吃惊的是智者说得这么准，丧气的是自己命运不好得到了证实。"我没有好好念书，没有什么本事，工作也不好找，好不容易找了个工作，可是我连着一个星期睡过了头，又被开除了。您说我的中年会不会苦尽甘来呢？"

智者摇头说："你到30岁还成不了什么大事业！"

年轻人大失所望，问道："看样子我命该如此！40岁呢？40岁应该有些转机吧？"

智者笑了笑，轻蔑地看了看年轻人，说："到了40岁，你就习惯了！"

"到了40岁，你就习惯了！"这难道不是一句足以像警钟一样响彻你耳膜的话吗？当一个人习惯了平庸、甘于落后的时候，也就是他丧失进取心的时候，那将是多么可怕的事啊！

没有进取心的人往往得过且过，难以集中精力，更不会挖掘隐藏在体内的潜力。进取心对一个人实在太重要了，没有它你就不会坚持学习，遇到挫折就会立即放弃，获得一次成功就会自我满足。 对于一个人来说，年轻时没有它就会整天游手好闲、不学无术；到了中年还没有它，就会一事无成、苟且偷安；步入晚年，生活就会没有着落、惨淡无光，更不用说什么大器晚成了。

不论做什么，即使是最细小的事，哪怕是游戏，都需要有动力，但是当一个人对百无聊赖的生活和枯燥乏味的工作习以为常后，他就会麻木地听从现实和命运的摆布，任凭进取心在岁月中消磨殆尽。 丧失了进取心的人就如同一部陈旧的机器，锈迹斑斑。

进取心的力量是不可估量的。 年轻的日本商人齐藤竹之助一心希望能在商业中有所作为，可是到了 57 岁的时候，他拥有的全部“财富”就是 320 万日元的债务。 你能想象他最后的结局吗？ 四处躲债？ 消极遁世？ 宣告破产，一走了之？ 甚至自杀身亡？ 然而，让人难以置信的是，15 年过去了，72 岁的他成了世界顶级推销员。 他对于成功经验的概括只有两点：一要有坚定的信念，二要有不断进取的精神。

这个事例无疑是震撼人心的。 如果你现在意识到进取心的重要并立即用于你的工作和生活，成功就离你不远了。

忠告2　用好心态面对失败

失败后的成功更有滋味，关键在于你要有一个好的心态。

——巴菲特

这一天，吃完晚饭后，巴菲特给苏茜讲了这样一个故事：

奥斯卡的父母有一笔庞大的资产，可以让奥斯卡不愁吃穿地过一辈子。奥斯卡大学毕业后即进入其父亲经营的印刷公司工作，并在短短几年时间当上了公司的专务理事。

然而，说是专务理事，其实也只是挂个头衔，奥斯卡完全没有工作热情，几乎整日都沉溺于玩乐。就算是整日玩乐，奥斯卡也很快厌烦了这种生活。于是，他恳求父亲同意自己开一家视频制作公司，当然资金全是由父亲出。当然，奥斯卡也并不是因为有热情才成立这家公司的，所以不到一年的时间，公司就因经营不善而倒闭了。

事情已经发展至此，奥斯卡仍然不思悔改，还是抱着满不在乎的态度。其父不由得感慨道："照这样发展下去，他的前途实在是令人担忧啊！"于是，父亲打算教授奥斯卡真正的经营之策，没想到刚有此意的时候，父亲就因病骤逝。

悲剧便由此降临了。继承了父业的奥斯卡，竟然用公司的钱进行期货交易，很快就负债达数十亿。公司倒闭，奥斯卡自己也不得不到法院办理申请破产的手续。

或许你认为这个例子过于极端，但绝对不要以为这件事跟自己没有关系。人越是没在年轻的时候体验过失败，就越是无法品尝成功的滋味，而一旦失败，就如同跌入了无底深渊，永无重见天日之日，这样的例子也不是没有。

为什么会如此断言呢？因为人越早体验失败，就能尽量避免重蹈覆辙，避免陷入同样的困境；或者是为了摆脱危机，会想尽一切办法拼死挣扎，最大限度地发挥个人能动性。说不定，你尚未发现的潜力也会因此而显露出来。

这也就意味着，在容许的范围内反复失败的话，可以把这些失败当成一种锻炼，而不是徒劳的努力。正因为有失败，才能对工作要领、生活智慧等有更深层次的理解，才能培养为别人着想的同情心，从而离你抓住达成愿望和成功的机会更近一步。失败对于一个人的成长是必不可少的。

东京都涩谷区有一家很受好评的拉面馆。拉面馆的老板每个月的收入能达 100 万日元，生意好得甚至在关岛都开了分店。然而如此好的发展势头并非一开始就有。

这个曾在横滨中华街某家西餐厅工作过的老板，27 岁时曾在世田谷开过一家拉面馆，光装修费就花了 1000 万日元，可见该老板干劲十足。可等到店铺开张了，生意却是冷冷清清的。怎么等都不见生意好转的拉面馆老板准备请某知名料理评论家好友前来品尝，然后听取他的意见。结果好友一针见血地指出：“原因是你做的拉面汤底不合日本人的口味，归根结底还是你功夫不到家。”

一般人在遇到这种情况时都会灰心丧气，从此一蹶不振，而这个老板没有。他认为，应先暂时停业，这次失败就权当是交学费了，然后就辗转全国开始了他的修学之旅。

他来到一家广受好评的店，偷偷学到了该店的秘方后加以改进，终于做出了具有独特味道的拉面。此事已过去了7年，前面说过的那家店就是他重整旗鼓后新开的。

我们在经历失败之后，都容易变得绝望，有时甚至会陷入自我厌恶的情绪难以自拔；或者是被“已经尝够失败的滋味了”这种消极心态支配，导致自己畏首畏尾，从此内心只抱有消极的想法。没有比失败更悲惨的了，但是，如果因为害怕失败就变得消极，那么你会永远保持消极的思考方式无法改变。

其实最重要的就是像拉面馆老板一样，要把今天失败的原因变为明天成功的教训。找到失败的原因，并加以有效利用，这样你的人生将会有很大的转变。

巴菲特把人们失败后的心理状态归纳为以下三种：

第一种将失败的原因归咎于他人。

第二种一直耿耿于怀，怎么都想不开。

第三种认为失败就是失败了，是无法转化为成功的。

要想达成愿望或取得成功，那么就不要犹豫，端正心态，好好考虑自己今后遭遇失败的时候该怎么做。

忠告 3　心态决定你的成功

心态决定你的成功，想成功，就要去挑战。

——巴菲特

巴菲特曾经特别关注成功学，他甚至研究过许多成功人士的成功之道，经过总结后，把经验传授给了自己的子女。

巴菲特在分析、比较福特汽车公司、克莱斯勒汽车公司前总裁李·艾科卡与 IBM 前首席执行长官路易斯·郭士纳后发现，虽然他们都拯救过濒临倒闭的企业，但他们最后的结局却截然相反。李·艾科卡因傲人的业绩受到万众瞩目，他在自传里称自己为英雄，但他的自负使得福特第二任总裁很不满，最终他被驱逐出了福特公司。相反地，路易斯·郭士纳则把业绩归功于职员们的努力，他因此赢得了“最优秀的驯兽师”这个称号。

李·艾科卡出任福特公司总裁时期，他主持开发的经典“福特野马”系列车款，帮助公司扭亏为盈，但之后他就再也没有发挥的空间了，因为在他心里，自己的竞争力永远比企业的利益更重要，这限制了他日后在福特公司的发展。

路易斯·郭士纳却始终优先考虑顾客和公司员工的利益，不断寻找最能平衡双方利益的方案，最后他让 IBM 从废墟上再度崛起，重现昔日辉煌。

巴菲特分析了李·艾科卡与路易斯·郭士纳的结局后得出结论：不同的心态会导致不同的结果。

拥有“成长心态”的人，如同摔倒后还能勇敢站起来的学步幼儿，比如路易斯·郭士纳，这类人能在失败和困境中不断激发自身的潜能，他们能最终走向成功。而拥有“固定心态”的人，比如李·艾科卡，则无法通过失败和困境来不断提高自己的能力，他们任由遗传因素和环境来定义自身的能力。这类人往往只追求一时的成功，对开发自我潜能漠不关心，忽视自己继续成长与发展的重要性。由于心态上的差距，这两种类型的人做相同的事可能会得到截然不同的结果。

巴菲特认为，对于拥有“固定心态”的人来说，在失败和困境中接受新的挑战、进行自我潜能的开发是很重要的。要想成为企业的 CEO、成绩优异的学生或运动员，先要抛弃对“天赋”的依赖，虚心接受更多的挑战，在不断的挑战中提高自己直至达成目标。

NBA 球员迈克尔·乔丹之所以被称为“篮球之神”，在球坛上达到史上无人能及的高度，是因为他对待篮球的心态与其他人都不一样。你可能不相信，他在高中的时候还只是个板凳球员，高二时他连球队候补名单都进不了。直到从北卡罗来纳州大学毕业，他才总算成为一个“还不错的选手”，但他勇敢地向世人宣告：“我要挤进 NBA 新秀名单！”当时在 NBA 排名第二的球队——波特兰开拓者队认为乔丹相对于克莱德·德雷克斯勒（当时波特兰开拓者队的灵魂人物）而言还只是个孩子，所以并没有让乔丹加入他们球队。

然而，乔丹还是以首轮第三顺位被芝加哥公牛队选中。在加入 NBA 的初期，乔丹的实力仍然薄弱。身体单薄的他在球场上的角力对抗中明显处于劣势，而且作为一名得分后卫，他在外围的投篮命中率也乏善可陈。但乔丹以不懈的练习来弥补自己先天体能上的不足。他在打了几场比赛后确认自己相对于 NBA 其他球员在力量上有一定差距，于是着重加强肌力训练，并且反复练习自由投篮和定点跳跃投篮。

日复一日，乔丹进行着艰辛的基本功训练。一段时日后，他的后仰跳投已经在比赛中成了“无人能挡的攻击武器”，他的三分球命中率也从 20% 上升到 35%。在加入 NBA 一年多以后，乔丹当之无愧地被选为“年度新人王”。此后，他更带领芝加哥公牛队完成了 NBA 三连冠的霸业。乔丹战无不胜的法宝并非来自他的天赋，而是来自他的心态，他坚信“失败并不可怕，可怕的是不敢再次挑战”。卡

罗尔教授的观点是：心态决定一切。拥有“固定心态”的人会因失恋而堕落；而拥有“成长心态”的人失恋后会宽容对方并另筑爱巢。

有一个例子可以证明好的心态对一个人成功的重要性。

1940 年，有两位年轻人向珠穆朗玛峰发起挑战，但疲劳和寒冷最终迫使他们在中途放弃了。其中一个人在下山的时候向珠穆朗玛峰宣告：“我一定会再回来的！因为你不可能再长高，但是我仍能继续成长。”从那之后，他为了再次挑战珠穆朗玛峰不断地强化体力、改善装备。不仅如此，他还多次攀登与珠穆朗玛峰类似的山，同时不断地总结自己失败的原因，从而调整攻顶策略。10 年后，他再度回到珠穆朗玛峰，并于 1953 年成功攀顶。他就是人类第一个征服珠穆朗玛峰的人——埃德蒙·希拉里，正是他热爱挑战的心使他最终征服了世界最高峰。

关于心态，林肯说过这样一段话：“机会偶尔会降临在等待着它的人身上，但下定决心要成功而主动去寻找机会的人才能牢牢地把握住属于他的未来。下决心要成功的那一刻，其实他就已经成功了一半。所以，对我们而言，没有什么比下定决心要成功的心态更重要了！”

忠告 4　内涵与气质是不可分割的

内涵与气质是不可分割的。

——巴菲特

彼得有一个帅气的哥们儿叫查理，彼得自认为二人是知己。查理有一段时间天天带着彼得到各种娱乐场所游玩，彼得自认为这样增加了自己的见识。这一天，彼得又和朋友出去喝酒，喝到很晚才回来，还醉醺醺的，巴菲特忍无可忍，勒令彼得跟这个朋友断绝来往。

第二天彼得醒来之后还是很气愤，去巴菲特的书房找巴菲特，质问他为什么不让自己跟朋友来往。

巴菲特说："你为什么一定要跟查理来往？"

彼得说："我以前觉得自己什么都不懂，跟他在一起，我学会了打理自己，比跟其他朋友相处收获还大。"

巴菲特说："你这就是以貌取人，只注重外表而忽视内涵，你觉得查理有内涵有气质吗？"

彼得不说话了。

巴菲特说："好吧，我给你讲个有关于内涵的故事。"

巴菲特讲的关于内涵的故事是这样的：

著名的哲学家康德身高只有一米五三。康德是一个又小又矮又丑的男人，但是上天没有辜负他，虽然他身高不够高，长相不够帅，但是学问足够渊博。到现在为止，只要提到德国，提到哲学，没有人可以绕开康德。

由此可以看出气质的来源：外表是其一，但是更多的是一个人的内涵。

菲律宾的外交家罗慕洛身高只有一米六三。在菲律宾，国民的身高普遍都不高，一米六三算中等偏上。罗慕洛作为一个外交官在参加联合国大会的时候，曾经和苏联代表团团长维辛斯基发生了激辩。罗慕洛在发言中讥讽维辛斯基的建议是“开玩笑”，于是惹恼了维辛斯基，他非常轻蔑地对罗慕洛说：“你不过是个小国家的小人罢了。”

罗慕洛虽然个子矮，但是他做出了许多高个子都无法做成且具有轰动效应的事情。维辛斯基话音刚落，罗慕洛就跳起来告诉联大代表说：“维辛斯基对我的形容是正确的。”接着他话锋一转，“此时此地，把真理之石向狂妄的巨人眉心掷去——使他的行为检点些，是矮子的责任！”一席话赢得了大家热烈的掌声。

小泽征尔是世界著名的交响乐指挥家。在一次世界优秀指挥家大赛的决赛中，按照评委会给的乐谱指挥演奏，他敏锐地发现了不和谐的声音。起初，他以为是乐队演奏出了错误，就停下来重新演奏，但还是不对。他觉得是乐谱有问题。这时，在场的作曲家和评委会的权威人士坚持说乐谱绝对没有问题，是他错了。面对一大批音乐大师和权威人士，他思考再三，最后斩钉截铁地大声说：“不！一定是乐谱错了！”话音刚落，评委席上的评委们立即站起来，报以热烈的

掌声，祝贺他夺魁。

原来，这是评委们精心设计的“圈套”，以此来检验指挥家在发现乐谱错误并遭到权威人士“否定”的情况下，能否坚持自己的正确主张。前两位参加决赛的指挥家虽然也发现了错误，但终因随声附和权威们的意见而被淘汰。小泽征尔却因充满自信而摘取了世界指挥家大赛的桂冠。

所以，巴菲特告诉彼得，外表只能带给人一个初步的印象，但是气质源于内心，源于修养，源于理智，源于内涵。一个人拥有了这些品质，将给人留下深刻的印象。穿戴简朴而志趣高洁的人永远都胜过披金戴银却平庸世俗的人。

一个人所穿的衣服和佩戴的首饰固然能够吸引人、打动人，但人们最看重的还是他的内涵。人的真正的魅力、气质还是其内在的高洁和优雅，所谓“腹有诗书气自华”就是这个道理。有人认为只有那些出入高层社交场合的绅士、名媛、富豪和贵妇才算得上优雅，才配得上高洁。实则不然，只有那些性情高雅、穿戴得体、表现自然的人才能完整地体现出他出色的内在素质和气质。

忠告 5　气质是由内而外的表现

面色红润，身体健康，是气质的第一步。

——巴菲特

巴菲特的夫人是美国慈善界的著名人物，她在 60 岁的时候还经常出席各种场合，神采奕奕，被称为慈善界最有气质的女性之一。

当一个记者问她为什么会保持如此之好的状态时，巴菲特太太笑着说，这是丈夫巴菲特的功劳。当然，他们的子女们在这样优秀的父母的培养下，也都是非常优秀非常有气质的人。

说到健康，并不是每个女人都特别关心，特别是年轻的女孩子。但是，每个女人，无论年龄如何，都不缺乏这种热情——希望自己变得美丽而优雅，并为此付出切实的努力。或许，与纯粹的健康话题相比，从美丽出发来谈健康，更能让女人怦然心动。

对于一个足够明智的女人来说，年龄的增长不是魅力的损失，甚至会给自己加分。一个18岁的姑娘，除了年轻脸孔上呈现的美丽以外，并没有多少真正属于自己的风格和内涵。但是，一个38岁的女子却可以很好地把握自己的内涵。生活的点滴积累，带给她很多智慧和修养，让她在遇到各种事情的时候表现出令人欣赏的风度和才华，同时，如果在保养上多下功夫的话，她仍然可以拥有窈窕的身材，以及并不衰老的面容。

西方有这样一种说法：男人永远38，女人永远29。意思是说，29岁的女人还留有青春的尾巴，她的容颜还没有衰老，但她同时又是成熟的、知性的、散发着个人魅力的女人。也可以说，这时候她达到了一生当中美丽的巅峰。现在认为，这个年龄还可以往后推，不仅29岁，39岁也是一样美丽迷人。

这种成熟女性的吸引力，或许不会在第一眼就看到，但在相处的过程中，她会越来越多地散发出个性的美和成熟的韵味，令人日益沉醉。其实，如果自己做得足够好，中年女性本来不必有那么强的危机感，不必有那么多的担心——担心老公离自己而去，担心孩子瞧不起自己，担心在异性眼里失去吸引力……如果果真如此，可能只是因为自己没有认真修炼自己的缘故。

美，归根到底是一种愉悦他人的特质，是一种吸引他人的理由。如何让他人受到吸引呢？首先自己应该是一个内心丰富的人——思想丰富、情感丰富、生活丰富、情趣丰富。内心丰富的人会吸引自己的爱人，也会吸引其他人。而这种成熟女性的吸引力，未必是年轻姑娘的美貌所能替代的。

有了积极的心态，才会积极地去进行功能的锻炼。

我们年轻的时候跑步，并没有达到自己潜能的百分之百。很多人虽然没有刘翔跑得快，但和自己比，速度一定还能快得多，只是她没有去锻炼而已。

年轻的时候，即使不参加锻炼，也可以维持一个过得去的状态，但是随着年龄的增长，再不锻炼，衰老将日趋明显。所以说，为什么要对抗衰老？就是要相信虽然随着年龄的增长，个人的最大潜能不如年轻的时候，但年轻的时候并没有发挥最大的潜能，现在还有向上发挥的余地，还是可以朝年轻的方向上努力。这就好比说本来一个人的潜能有100，但年轻的时候只达到了60，当到了一定年龄的时候，可能只能达到40，但在这个年龄上你的最大潜能可能是80，当你努力之后，仍然有可能达到60。

随着年龄的增长，努力越来越重要。年轻的时候，你可以不努力，但一旦年纪大了，必须要努力，尤其是在体能方面。一个山区的农村妇女，到了50岁的时候还可以爬山，她并没有吃什么保健品，也没有受过什么训练，她只是不断地在走，维持自己肌体的功能。很多人在选择楼层的时候，愿意选择三四层，甚至一二层，为什么呢？不愿意天天爬楼梯。比如，一个人原来住在五层楼，现在他已经40岁了，以后他会更老，所以他要选择二层楼住。但是有一天他可能会发现，一旦选择了二层，爬五层楼就会变得很累。这是为什么？就是因为功能下降了。所以说，随着年龄的增长，就要比以前更讲究，运动方面要更努力，饮食方面也一样。

年轻的时候，一个人的代谢功能是很强的，营养吸收功能也很强，即使这段时间吃得不好，过一段时间也能恢复过来。但是，随着年龄的增长，人的恢复能力会越来越差。

要做一名气质型的美女，就必须不断运动，以保持身体的功能处于健康的状态，同时，还要注意饮食。所以，从现在开始，就应该加强锻炼，制订合适的健身计划，并根据个人体质调整饮食结构。这样才能保持身体功能，做到面色红润，身体健康，培养出由内而外的气质表现。

◇ 心态＋气质 ◇

在容许的范围内反复失败的话，可以把这些失败当成一种锻炼，而不是徒劳的努力。

巴菲特曾经特别关注成功学，他甚至研究过许多成功人士的成功之道，经过总结后，把经验传授给了自己的子女。

外表只能给人留下一个初步的印象，但是气质源于内心，源于修养，源于理智，源于内涵。穿戴简朴而志趣高洁的人永远都胜过披金戴银却平庸世俗的人。

高情商家教思维

1. 心态决定命运，评估一下自己孩子的心态如何？

____

____

____

2. 失败后孩子都有哪些心理表现？ 如何重拾孩子的信心？

____

____

____

3. 如何理解“在下决心要成功的那一刻，其实就已经成功了一半”这句话？

____

____

____

4. 内涵与气质，你觉得孩子需要提升的还有哪些？

____

____

____

5. 关于气质修炼，制定一个目标和计划。

____

____

____

第七章

自律＋机遇：做一个追求成功的孩子

忠告1　摒除优柔寡断的坏习惯

生活中有很多人一事当前总是举棋不定、犹豫不决，这就是所谓的优柔寡断。这种人在采取措施前往往拿不定主意，一定要去找人商量。这种主意不定、意志不坚的人，连自己都不相信，更不会为他人所信赖。

——巴菲特

巴菲特认为，优柔寡断的坏处不只是成功的障碍，它给人最大的负担是精神上的压力。通常，人们在慎重行事的同时，少一分顾虑，就多一分成功的可能，可优柔寡断这种坏习惯只会让先机尽失。

所以，他告诉他的子女们，遇到事情一定要当断即断。

巴菲特最反感的是，有些人甚至优柔寡断到了不可救药的地步，他们不敢决定任何事情，不敢担负起应负的哪怕一丁点儿责任。而他们之所以这样，是因为他们不敢面对事情的结果：究竟是好是坏，是凶是吉。优柔寡断的坏习惯令他们常常怀疑自己的决断，不敢相信自己本身能够解决重要的事情。如果不及时调整、校正这一坏习惯，很多人的美好梦想都会很快破灭。

有这样一个让人深思的故事：

某地发生水灾，整个乡村都难逃厄运，村民们纷纷逃生。一位上帝的虔诚信徒爬到了屋顶，等待上帝的拯救。不久，大水漫过屋顶，刚好有一只木舟经过，舟上的人要带他逃生。这位信徒胸有成竹地说："不用啦，上帝会救我的！"木舟离他而去。

片刻之间，河水已没过他的膝盖。刚巧，有一艘汽艇经过，来拯救尚未逃生者。这位信徒却说："不必啦，上帝一定会救我的。"汽艇只好到别的地方救其他的人。

几分钟后，洪水高涨，已到了信徒的肩膀。这个时候，有架直升机放下软梯来拯救他。他死也不肯上飞机，说："别担心我啦，上帝会救我的！"直升机也只好离去。

水继续高涨，这位信徒最后被淹死了。死后，他升上天堂，遇见了上帝。他大骂："平日我诚心祈祷，你却见死不救。算我瞎了眼啦。"

上帝听后叫了起来："你还要我怎样？我已经给你派去了两条船和一架飞机！"

机会只敲一次门，想成功的人应该养成善于当机立断的习惯，抓住每次机会，充分施展才能。切记要正视自我的不足，纠正优柔寡断的坏习惯，只有这样才能最终获得成功，得到命运的垂青。

对于渴望成功的人来说，犹豫不决、优柔寡断是一个凶险的坏习惯，在它还没有得到伤害你、破坏你、限制你一生的机会之前，你一定要把这一"敌人"置于死地。要想人生成功，就要逼迫自己下狠心消除这个致命的坏习惯，训练出一种遇事果断坚定、迅速决策的能力，对于任何事情都不要犹豫不决。

当然，对于比较复杂的事情，在决断之前需要根据各方面的信息来加以权衡和考虑，充分调动自己的知识进行最后的判断。一旦打定主意，就不要再更改，不再留给自己回头考虑、准备后退的余地。一旦决策，就要排除杂念、付诸实施，并根据实际情况修正实施方案。只有这样做，才能坚决摈弃这种思维的坏习惯，逐渐养成坚决果断的好习惯。有果断的习惯后，在最初的时候，也许有时会做出错误的决策，但由此获得的自信等种种卓越品质，足以弥补因错误决策可能带来的损失。正确地认识自我，努力纠正这种思维的坏习惯，这也是迈向成功之路的第一步。

一个人的成功与果断决策的能力有着密切的关系。如果不正视自己的思维习惯，听之任之，那么你的一生，就会像深海中的一叶孤舟，永远漂流在狂风暴雨的汪洋大海里，永远到达不了成功的目的地。

忠告2　细节决定成败

细节决定成败。

——巴菲特

彼得小时候的习惯不好，做事总是马马虎虎，比如说自己的衣服乱丢，吃完东西的垃圾袋随处乱扔，这让巴菲特非常不高兴，但每次一说彼得，彼得就会说："这么点小事，您就别老提醒我了。"

这一天，巴菲特给彼得讲了这样一个故事：

有位药剂师需要一个助手，他在报纸上刊登了招聘信息，不久他就收到了许多年轻人的申请。面对如此热情和优秀的应聘者，他不知如何选择，最后决定邀请他们同时到店铺来，进行最后一次选拔。

药剂师让他们依次把价值一便士的盐放进一个细小的口袋中。他在一边观看这些年轻人是如何完成这个动作的。最后，他选中了那个把这件小事情做得最干净最利索的人。

"连一件小事都做不好的人，难以想象他具备整体的实践能力。因为大事也无一例外地是由无数小事情组成的。"

少了一根铁钉，就会坏一个蹄铁；坏一个蹄铁，就会损失一匹战马；损失一匹战马，骑马的谋士就可能被俘获杀死；没有了谋士，将军就可能指挥不当。一场战争的溃败仅仅是因为一根没有固定好的铁钉！这就是坏习惯——马虎粗心带来的灾祸。

凡事只要差不多就行了，这是很多人都存在的想法，而正是这种心理给很多人带来了意外的灾难。人的一生是由无数件小事和小细节串联而成的，看上去每一件小事都不是很重要，但是你确实不知道哪件小事会改变整个大局。1％的错误会造成100％的错误，这是忽视细节的代价；一毫米的误差可能产生千里的差距，这是细节带来的影响。能否完美地处理这些小事决定了一个人成功与否。就如一句广告词所说“精致生活源于细节”，精致是精细和细致的综合体，无一例外地都需要照顾到“细”，当细节积累到一定程度，才能成就非凡的伟大和精致的完美。

细节问题看起来很简单、很平凡，很多人因此不屑于去做这些小事。但是很少有人想到，把平凡的事情做好了，就是不平凡；把简单的事情做好了，就是不简单。

一只矫健的长颈鹿走向小溪喝水，它伸着长长的脖子，放眼四望，直奔目的地，就在它打算饮水的那一刻，它那庞大的躯体轰然摔倒在小溪里。原来它的前脚不小心踩到了一颗鹅卵石。这块鹅卵石长期浸泡在水中，上面长满了滑溜溜的青苔。谁都没有想到一颗小小的鹅卵石可以绊倒一只庞大而健康的长颈鹿，就像一只小蚂蚁可以绊倒一只大象一样不可思议。但事实却是如此，而且更确切地说，这颗鹅卵石杀死了长颈鹿。因为摔倒在小溪里的长颈鹿怎么也爬不起来，它的长腿、长脖子和庞大的身体都成为它再度爬起来的障碍。长颈鹿不停地挣扎，企图站起来，可是它挣扎得越厉害，就陷得越深，最后它再也没有挣扎的力气了，终于垂下头淹死在并不深的溪水中。

一个鲜活的生命因为“一不小心”在短短的时间内逝去了。“一不小心”的悲剧在我们的生活中处处发生着。

20 年前的500 强企业现在还剩下多少？ 曾经风云一时的商贾富豪能风光多久？ 很多的失误往往来自决策者和大人物的“一不小心”。 他们高昂着头，望着前方，认为自己很强大，但是他们忽视了脚下的、身边的“鹅卵石”，而更可悲的是，到死他们还不知道是什么让自己跌倒的。 就连在管理和生意上都很出色的松下幸之助都忧心忡忡地说过：“让我担心的是，公司里有 90％的事情我都不知道……”如果每个人都像这个谦虚者如此居安思危，如此谨慎，他们肯定能“小心驶得万年船”，而不会“一不小心”被绊倒。 小心“一不小心”，你就要小心你的骄傲、盲目、贪婪、坏习惯、自暴自弃、利欲熏心……那些都是可以杀死一头大长颈鹿的小鹅卵石，是可以绊倒一头大象的小蚂蚁。

“所以，在生活中，我们要养成注重细节的好习惯，凡事从最细微处着手，才能达到事半功倍的效果。”巴菲特语重心长地对彼得说。

忠告3　机遇实属难得，要牢牢把握

机遇实属难得，要牢牢把握。

——巴菲特

在霍华德从事投资工作的头两年，成果总是不太理想，犹豫不决、判断失误等因素让霍华德失去了很多机遇，更有甚者，有时候到手的机遇也被霍华德给放弃了。巴菲特给霍华德讲了美国企业家阿曼德·哈默的成功之道。

哈默于1898年5月21日生于美国纽约的布朗克斯，他的祖上曾以造船为生，后因经济拮据，大约于1875年移居美国。

他的父亲是个医生，兼做医药买卖。哈默是三个兄弟中最不听话但又最富于创造精神的一个。哈默16岁那年，他看中了一辆正在拍卖的双座敞篷旧车，但标价却高达185美元，这个数字对哈默来说是惊人的。尽管如此，他仍然抓住机遇不放，向在药店售货的哥哥哈里借款买下了这辆车，并用它来为一家商店运送糖果。两周以后，哈默不仅按时如数还清了哥哥的钱，自己还得到了一辆车。

哈默的这第一笔交易与后来的成功相比根本不算什么，但当时对他来说却属“巨额交易”，在这笔交易中，哈默考察了自己的竞争能力和独立赚钱的本领。

1921 年 8 月，阿曼德·哈默在经过漫长的旅途之后，风尘仆仆地抵达莫斯科。哈默在苏联的考察中发现，这个国家地大物博、资源丰富，但人们却饿着肚子，为什么不出口各种矿产品去换回粮食呢？哈默直接向列宁提出建议，并很快得到了列宁肯定的答复。于是，哈默取得了在西伯利亚地区开采石棉矿的许可证，从而成为布尔什维克苏联第一个取得矿山开采权的外国人，美苏之间的易货贸易也由此开始。

哈默通过他后来在莫斯科建立的美国联合公司，沟通着 30 多家美国公司同苏联做生意。一个偶然的发现，使哈默又萌生了在苏联办铅笔厂的念头。

有一天，他顺便走进一家文具店想买支铅笔，但商店里只有每支售价高达 26 美分的德国货，而且存货有限，哈默清楚地知道，同样的铅笔在美国只需 3 美分。于是，他拿着铅笔去见苏联主管工业的人民委员克拉辛说：“您的政府已经制定了政策，要求每个公民都得会读书和写字，而没有铅笔怎么办呢？我想获得生产铅笔的执照。”克拉辛答应了他的要求。于是，他以高薪从德国聘来技术人员，并从荷兰引进机器设备，在莫斯科办起了铅笔厂。到 1926 年，他生产的铅笔不仅满足了苏联全国的需要，而且出口到土耳其、英国等十几个国家，哈默从中获得了几百万美元以上的利润。

20 世纪 30 年代，哈默从苏联返回美国时，美国正处在经济萧条时期，所有的企业家都在为保存自己而努力，而哈默却在寻找新的机遇和市场。那时，罗斯福正在竞选总统，他听说只要罗斯福登上总统宝座，1919 年通过的禁酒令就会被废除，以缓解全国对啤酒和威士忌的渴望。随着产酒高潮的到来，酒桶的需求量将会空前增加，而市场却没有酒桶可售。于是，他不失时机地从苏联订购了几船桶板木，在新泽西州建起了一座现代化的酒桶厂。当禁酒令废除之日，他的酒桶正从生产线上滚滚而出，被各酒厂高价抢购一空。继而他又瞄上了酿酒生意，他生产的丹特牌威士忌酒以其物美价廉而享誉美国。

第二次世界大战期间，美国人民的生活水平有了显著提高，吃牛肉的人越来越多，但优质牛肉在市场上却很难见到，哈默又“见缝插针”，迅速筹资在自己的庄园“幻影岛”上办起了一个养牛场。他用了 10 万美元的高价买下了当时最好的一头公牛“埃里克王子”。“埃里克王子”像棵摇钱树，为

哈默赚了几百万美元，而哈默也从此由门外汉变为牧场行业公认的领袖人物。

哈默自从 1956 年接管了经营不善、当时已处在风雨飘摇之中的加利福尼亚的西方石油公司之后，又开始热衷于石油开发事业。石油业的风险相当大，到哪里去才能找到石油和天然气呢？哈默的诀窍不同常人，甚至有些奇怪，他专门在别人认为找不到石油的地方去找石油。当时，德士古石油公司曾在旧金山以东的河谷里寻找过天然气，钻头一直钻到 1700 多米，仍然见不到天然气的踪影。这个公司的决策者认为耗资太多，如果再深钻下去很可能是徒劳无功、难以自拔，便匆匆鸣金收兵，并宣判了此井的“死刑”。哈默得知这一消息后，立即和有关专家进行实地考察。经过大量的数据分析，哈默以 30% 的风险系数、70% 的成功概率，带着妻子和公司的董事们来到这里，在被判“死刑”的枯井上又架起了钻机，继续深探。结果在原有基础上，又向下钻了 1000 米，果然发现了天然气。

后来，哈默听说举世闻名的埃索石油公司和壳牌石油公司在非洲的利比亚由于探油未成功而扔下了不少废井，便带领大队人马开往非洲，以“愿意从利润中抽出 5% 供利比亚发展农业和在国王的家乡（沙漠地带）寻找水源”的投资条件，租借了两块别人抛弃的土地，很快又打出了九口自喷油井。西方石油公司在哈默的领导下，经过二十几年的努力，已经成为一个业务遍及世界各大洲的多种经营的跨国公司，哈默本人也成为享誉全球的企业巨子。

由此可见，机遇并不是单纯的幸运，它往往潜藏于平凡的现象背后，被表面现象掩盖，具有隐藏性。所以，一般人难以觉察到机遇的存在。只有精明的人才能透过现象看到本质，抓住被人们忽略了的潜在机遇。

“见缝插针”作为经商谋利的一条妙计，它的运用是与机遇的探求、获得和采取行动分不开的。

1. 要善于发现和识别机遇

任何机遇都隐藏于现象的背后。经营者要时时注意到自己周围和社会环境的变化，细心观察市场动向，认真思考政治因素带给经济的巨大影响，其目的就是寻找机遇。

2. 要善于“插针”

一旦发现机遇，就必须抓紧时间，马上采取行动，把“针”插到“缝”里去，才不至于贻误时机。

3. 见机行事，随机应变

当好机遇出现在眼前时，要敢于扭转航向、见风使舵，当坏消息传到时，要敢于甩手抛弃、当机立断。

忠告4　机遇总是青睐有准备的人

机遇总是青睐有准备的人。

——巴菲特

巴菲特一直是儿女们的偶像，尤其是在投资事业这方面。霍华德在尝试了许多职业后，有了接父亲的班的想法，但他试着进行了几次投资，都以失败告终，这让他很是烦恼，甚至有了退缩的想法。这一天，他问巴菲特："为什么您总是能抓住那么好的机遇？"

巴菲特笑了："亲爱的儿子，我能抓住机遇，是因为我一直在准备成功，等待机遇。"可以说，巴菲特的成功，与他平日的努力和投资技巧是分不开的。而且巴菲特认为，机遇稍纵即逝，一定要好好把握。

一位在美国西部山区淘金的父亲给他的儿子科尔一大笔淘金的钱财和几千吨可用作绝缘材料的黑云母矿石。那位父亲去世后，很多商家得知科尔有大量当时市场上炙手可热的黑云母矿石后，纷纷找科尔购买这些矿石。

科尔因为有钱，同时看到黑云母矿石的价格在不断上涨，就没有答应那些商家的购买要求。 后来，科尔的钱花光了，唯一的经济来源就是这些黑云母矿石，然而当他去找那些生产绝缘材料的厂商时，却发现市场已发生了很大的变化，黑云母已不再是理想的生产绝缘材料的原料了，而它的价格也由原来的每吨 200 美元降到了每吨 20 美元。 而这个价钱恰好是把黑云母运到厂家的运输费，也就是说，他的黑云母矿石已经一文不值。

为了生计，科尔只好加入淘金者的行列，干起了他父亲生前所干的异常辛苦的差事。

机遇往往是昙花一现的，反应迅速、行动敏捷的人将更容易品尝到成功的喜悦；而犹豫不决、思前想后的人则会错过很多机遇，甚至留下永远的遗憾。 一个成功的人，最重要的一点就是他能在机遇来临之前识别机遇，在机遇消失之前能及时采取行动来抓住它。 科尔之所以没有很好地利用黑云母矿石的价值，就是因为他错失了出售黑云母矿石的最好时机。

机遇不会从天而降，它需要你自己去创造和争取，即便机遇真的会从天而降，如果你背着双手一动不动，机遇也会从你身边消失。

要想抓住机遇，就必须积极地努力，积极地奋斗。 成功者从来不等待、不拖延，也不会等到“有朝一日”再去行动，而是今天就动手去做。 他们忙忙碌碌干好一天的事之后，第二天又接着去干，不断地努力、失败、努力，直到成功。 一个人目标再伟大，如果不去落实，就永远只能是空想。

人们等待机遇，他们究竟在等待些什么？ 有两种情况：一是等待贵人扶持；二是等待一切准备妥当。

出门遇贵人，是值得庆幸的事。 通常遇贵人是运气，是偶然，可就偏偏有人误认为是必然；于是，这些人什么也不干，只等贵人的出现，满以为靠贵人扶持一把，自己就可以不费吹灰之力而出人头地了。

这种等待贵人出现的心态，其实是希望不劳而获、吃免费的午餐的心态，这种心态也成为不去努力苦干的借口，导致自己越陷越深。

如果我们细心想一想不难发现，在我们的生活中存在着这样一个真理：积极行动的人不一定会获得机遇，但能够抓住机遇的人一定付出了积极的行动。

命运从来都掌握在自己的手中，要由自己去争取和改写，任何把希望寄托在他人或外界事物上的人，都不可能抓住机遇。 如果你和恋人吵架了，闹得不欢而散，导致了两人暂时的分开，这时候，你会怎么做呢？ 是等待着恋人来向自己赔礼道歉，还是干脆放弃这份情感呢？ 显然，这都不是解决问题的最好方法，但在现实生活中，却有很多人选择这样去做。 最好的解决办法，当然是自己找一个合适的机遇约恋人单独出来，向对方赔礼道歉，主动承认自己的错误，唤起对方的理解，也挽回你们之间那份来之不易的感情。 这样做，才是自己掌握自己的命运，才是自己去争取抓住机遇。

同样的道理，当面临求职的时候，是坐在家里“耐心等待”，还是积极主动地去“踏破铁鞋”呢？ 不在自己的腿上下功夫，不靠自己一次又一次地毛遂自荐，你就只会错失良机，永远都得不到求职单位的青睐；然而，如果你坚持不懈地奋斗、寻觅、付出……也许有一天你脚下踩的就是一个金矿。

有一位名叫西尔维亚的美国女孩，她从念大学开始就一直梦想着成为电视台的一名节目主持人，她觉得自己具有这方面的才干，因为每当她和别人相处时，即使陌生人也愿意亲近她并和她畅谈，她知道怎样从别人的嘴里问出心里话。她的朋友们称她是“亲密的随身的心理医生”，她自己常说，“只要有人愿意给我一个上电视的机遇，我相信自己一定能够成功。”

但是，她为自己的理想做了什么呢？ 其实什么也没做，她在等待奇迹出现，希望一下子就能当上节目主持人。

西尔维亚等待着，结果什么奇迹也没有发生，谁也不会请一个毫无经验的人去担任电视节目主持人，而且，节目的主管也没有兴趣跑到外面去搜寻天才，都是别人去找他们。

另一位名叫辛迪的女孩却实现了西尔维亚的理想，成了著名电视节目主持人。辛迪并没有坐等机遇的出现，在大学毕业之后，她跑遍了洛杉矶的每一个广播电台和电视台，然而，每个地方的主管对她的答复都差不多：“不是有几年经验的人，我们不会雇用。”

但是，辛迪没有退缩，也没有等待机遇，而是走出去寻找机遇。她一连几个月仔细阅读广播电视方面的杂志，最后终于看到一则招聘广告：北达科他州有一家很小的电视台招聘一名天气预报员。

辛迪是加州人，不喜欢北方，但这一切都没有关系，她抓住了这个机遇，动身来到了北达科他州。辛迪在那里工作了两年，最后终于有机会进入洛杉矶的电视台，又过了五年，她终于得到提升，成为梦寐以求的节目主持人。

西尔维亚那种失败者的思维和辛迪这种成功者的观点正好背道而驰。分歧点就是：西尔维亚在 10 年当中，一直停留在幻想上，坐等机遇，期待时来运转，然而，时光却在她的等待中白白流失了。而辛迪则是采取了实际的积极行动，首先，她充实了自己；然后，在北达科他州接受训练；接着，在洛杉矶积累了足够的经验；最后，实现了自己的理想。

忠告 5　要有善于发现机会的眼睛

机会就在每个人的身边，关键是我们要有善于发现机会的眼睛。

——巴菲特

彼得在未成名之前，总是向巴菲特抱怨自己生错了时候，以至于遇到了许多困难。巴菲特对彼得说："人生下来注定要同困难打交道，我们每走一步都会遇到困难，时时面临错综复杂的困难，处处感受到困难的威胁。成功的人都有不同于一般人的敏锐眼光，他们善于从困境中发现和把握稍纵即逝的机会，善于透过事物的表面现象看到事物的本质，更善于在新生事物刚出现时就捕捉到机会。"

有这样一则小故事：

一个走夜路的人被一块石头绊到，重重地跌倒了。

他爬起来，揉着疼痛的膝盖继续向前走。

他走进了一个死胡同。

前面是墙，左面是墙，右面也是墙。

前面的墙刚好比他高一头，他费了很大力气也攀不上去。

忽然，他灵机一动，想起了刚才绊倒自己的那块石头，为什么不把它搬过来垫在脚底下呢？ 想到就做，他折了回去，费了很大力气才把那块石头搬了过来，放在墙下。

踩着那块石头，他轻松地爬到了墙上，轻轻一跳，他就越过了那堵墙。

人人都会遇到逆境，但是更多的人被绊脚石绊倒以后就再也爬不起来了，更不会化不利为有利，把绊脚石变成垫脚石。

阿兰·米穆是法国当代著名长跑运动员，是法国一万米长跑纪录创造者、第十四届伦敦奥运会一万米赛亚军、第十五届赫尔辛基奥运会五千米亚军、第十六届墨尔本奥运会马拉松赛冠军，后来在法国国家体育学院执教。

米穆出生在一个贫穷的家庭。 从孩提时代起，他就非常喜欢运动。 可是，家里很穷，他甚至连饭都吃不饱。 这对任何一个喜欢运动的人来讲都是艰难的。 例如，他没有鞋子，只能光着脚踢足球。 他母亲好不容易买了双草底帆布鞋，为的是让他去学校念书穿，如果米穆的父亲看见他穿着这双鞋子踢足球，就会狠狠地揍他一顿，因为父亲不想让他把鞋子穿破。

11 岁半时，米穆已经有了小学文凭，而且评语很好。 他母亲对他说："你终于有文凭了，这太好了！"可怜的妈妈去为他申请助学金，但是遭到了拒绝！

这是多么不公正啊！ 他们不给米穆助学金，却把助学金给了比他富有得多的殖民者的孩子们。 鉴于这种不公道，米穆心里想："我是不属于这个国家的，我要走。"可去哪里呢？ 米穆知道，自己的祖国就是法国。 他热爱法国，他想了解它。但怎么去了解呢？

因为他太穷了，没有钱继续念书，米穆就在咖啡馆做服务员。他每天要一直工作到深夜，但还是坚持长跑。为了能进行训练，他每天早上5点钟就得起来，累得脚跟发炎脓肿。为了有碗饭吃，米穆没有多少工夫去训练，但是，他还是咬紧牙关报名参加了法国田径冠军赛。米穆仅仅进行了一个半月的训练，先是参加了一万米冠军赛，可是只得了第三名。第二天，他决定再参加五千米比赛，幸运的是，他得了第二名。就这样，米穆被选中并被带进了伦敦奥林匹克运动会。

对米穆来说，这简直是不可思议的事情！他在当时甚至还不知道什么是奥林匹克运动会，也从来想象不到奥运会是如此宏伟壮观，全世界好像都凝缩在那里了。不过，在这个时刻，最重要的是，他知道自己是代表法国。他为此感到高兴。

但是，有些事情让米穆感到不快，他并没有被人认为是一名法国选手，没有一个人看得起他。比赛前几小时，米穆想请人替自己按摩一下。于是他便很不好意思地去敲了敲法国队按摩医生的房门。

得到允许以后，他就进去了，按摩医生转身对他说："有什么事吗，我的小伙计？"

米穆说："先生，我要跑一万米，您是否可以助我一臂之力？"

医生一边继续为一个躺在床上的运动员按摩，一边对他说："请原谅，我的小伙计，我是派来为冠军们服务的。"

米穆知道，医生拒绝替自己按摩，无非就是因为自己不过是咖啡馆里的一名服务员罢了。

那天下午，米穆参加了对他来讲具有历史意义的一万米决赛。他当时仅仅希望能取得一个好名次，因为伦敦那天的天气异常干热。

比赛开始了，米穆并不模仿任何人。同伴们一个接一个地在落在他的后面。他成了第四名，随后是第三名。他很快发现，只有捷克著名的长跑运动员扎托倍克一个人跑在他前面进行冲刺。米穆终于得了第二名。

米穆就是这样抓住机遇，为法国、为自己争夺到了奥林匹克运动会一万米长跑第一枚世界银牌的。然而，最使米穆感到难受的，还是当时法国的体育报刊和新闻记者。他们在第二天早上便边打听边嚷嚷："那个跑了第二名的家伙是谁呀？啊，准是一个北非人。天气热，他就是因为天热而得到第二名的！"瞧瞧，多令人心酸！

令米穆感到欣慰的是，在伦敦奥运会四年以后，他又被选中代表法国去赫尔辛基参加第十五届奥运会了。在那里，他打破了一万米法国纪录，并在被称为"本世纪五千米决赛"的比赛中，再一次为法国赢得了一枚银牌。

随后，在墨尔本奥运会上，米穆参加了马拉松比赛，以1分40秒跑完了最后400米，终于成了奥运会冠军！

他不用再去咖啡馆当服务员了。可是，米穆却说："我喜欢咖啡，喜欢那种香醇，也喜欢那种苦涩……也许，我正是因为这种苦涩，才发现了它的香醇吧！"

因此，巴菲特告诉他的子女们，也许每个危机都孕育着机遇。我们可以用森林大火的效用来进行类比。当然，森林大火是场灾难，但大火肆虐后的土壤却变得更加肥沃，因而有利于培植下一代参天大树。火灾还可以烧毁已经腐朽的树木，以及和树木缠结在一起限制其生长的灌木丛。

正如辩证唯物主义所说的那样，世界充满了矛盾和斗争，这也就意味着生活中充满了困难，不同的只是结果：或是困难吞没懦夫，或是强者征服困难。你认识困难吗？你知道现在遇到的困难预示着什么吗？是进步。每克服一个困难，你就前进了一步。

当你遇见困难时，你要善于发现其他机会扭转这种局面，

乔布斯有化腐朽为神奇的力量，有人说他就是一位魔术师，那是因为他是善于发现机遇并能抓住机遇的人。在乔布斯看来，任何困难都是暂时的，因为困难后面往往孕育着良机，就看你能不能抓住它。

1996 年他卷土重来，在从高峰落到谷底的 12 年后，重新被“苹果”雇用为兼职顾问。俗话说“黑夜过去是黎明”，有太阳总有晨曦显露的时候，全球各大 IT 媒体几乎都在头版头条刊出了“‘苹果’收购 NeXT，乔布斯重回‘苹果’”的消息。乔布斯受命于“苹果”危难之际，他对奄奄一息的苹果公司进行了大刀阔斧的改组和一连串新产品降价促销的措施。

他首先改组了董事会，然后又做出一件令人瞠目结舌的大事——抛弃旧怨，与苹果公司的宿敌——微软公司握手言和，缔结了举世瞩目的“世纪之盟”，达成战略性的全面交叉授权协议。乔布斯因此再度成为《时代》周刊的封面人物。他接着开始推出了新的电脑。1998 年，iMac 呈现在世人面前。它是一台全新的电脑，代表着一种未来的理念。半透明的外装，加上发光的鼠标，以及 1299 美元的价格，令人心动。

机会就存在于我们的生活中，谁也无法预知它来自何方，以什么面目出现。有时它从前门进来，有时它来自后窗，有时它以本来面目出现，时而又乔装打扮为不幸、挫折的模样。所以要有开阔的胸怀、广阔的视野，把眼光放在更广阔的领域，而不是局限于某个狭小的范围内或某个单纯的渠道上。

前世界首富比尔·盖茨曾告诉自己的员工："只要你善于观察，你的周围到处都存在着机会，很多在你的身边，甚至在你的手上，问题在于你能否发现每一个机遇。"

一个人面临许多困难，一时不能成功，总不能一味地怨天尤人吧？通过乔布斯的经历我们可以看出，在遇见困难时要善于发现机遇，善于抓住机遇，你的事业就成功了一半。

有时困难就是良机，属于少数人拥有，需要人的感觉去发现和把握，如果我们善于挖掘和创造，并且第一时间尝试和行动，就会有可能获得成功的机会。人的一生机会有很多，有的就在眼前，伸手就能抓到，有的则是隐藏起来的，要靠我们敏锐的眼光去发现它。

机会就在生活的每一瞬间，它稍纵即逝。乔布斯就是一个善于抓住机会的人，没有让每一个有利于"苹果"的机会从他身边溜走。大凡事业成功者都善于抓住机会，哪怕是不起眼的或者是稍纵即逝的机会。

要想创造机会、把握机会，就要善于在日常小事中发现和把握机会。在美国，有一个跟乔布斯一样善于抓住机会的人。这个人叫鲁托，他曾是一位生活穷困的制瓶工人，他就是著名的可口可乐瓶身的设计者。

有一天，他与女友约会时，发现女友穿的裙子十分漂亮，他盯着女友的裙子看了半天，发现裙子膝盖以上较窄，腰部显得更有吸引力。

鲁托从女友穿的裙子上发现了机遇。他想，把玻璃瓶设计成女友的裙子那样，一定会大受欢迎的。他经过反复试验和改进，最后制造出这样一种瓶子：“握上瓶颈时，没有滑落的感觉；瓶内所装的液体，看起来比实际的分量多，而且外观优美。”

鲁托所设计的玻璃瓶被可口可乐看中了，可口可乐公司最后以 600 万美元买下鲁托这项设计专利，并至今仍使用这种玻璃瓶，有力地促进了可口可乐的销售。

鲁托和乔布斯一样，因为善于观察、善于发现，很快成了百万富翁。

巴菲特说：“不要总是埋怨自己没有致富的机会，机会其实就在身边，关键是自己不仅要有一双善于发现机会的眼睛，还要有一双善于抓住机会的手。”

◇自律+机遇◇

一个人的成功与果断决策的能力有着密切的关系。如果不正视自己的思维习惯，听之任之，那么你的一生，就会像深海中的一叶孤舟，永远漂流在狂风暴雨的汪洋大海里，到达不了成功的彼岸。

细节问题虽然看起来很简单，很多人不屑于去做那些看起来简单的小事。但他们没想到的是，把平凡的事情做好了，就是不平凡；把简单的事情做好了，就是不简单。

高情商家教思维

1. 怎样改正孩子优柔寡断的坏习惯？

2. 在通向成功的道路上，孩子还有哪些细节需要完善与修正？

3. 孩子善于发现机遇和抓住机遇吗？

4. 在机遇到来之前，应该教育孩子如何做？

5. 怎样在日常的小事中训练孩子把握机遇和创造机遇？

第八章

亲情 + 友情：做一个有爱心懂感恩的孩子

忠告1　感恩不花一分钱

感恩不花一分钱。

——巴菲特

巴菲特在每年的圣诞节都会为他的小学老师亲自送上或寄去一束自家院子里的鲜花。巴菲特对子女们说过，从前的他是一个浑浑噩噩的傻小子，是他的小学老师把他从睡梦中惊醒，他才有了后来的成功，所以他会永远记得这位老师并在心里为他祝福。

许多成功的人都说他们是靠自己的努力才取得成功。事实上，每一个登峰造极的人都受到过别人许多的帮助。一旦你定下了成功的明确目标并付诸行动，你会发现自己会获得许多意料之外的协助。你必须感谢这些帮助你的“贵人”，同时感谢上天的眷顾。

感恩是美丽的字眼，它是一种深刻的感受，能够增强个人的魅力，开启神奇的力量之门，发掘出无穷的智慧。感恩也像其他受人欢迎的特质一样，是一种习惯和态度。你必须真诚地感激别人，而不只是虚情假意。

感恩和慈悲是近亲。时常怀有感恩的心情，你会变得更谦和、可敬且高尚。

每天都用几分钟的时间为你的幸运而感恩。所有的事情都是相对的，不论你遭遇多么恶劣的情况，都还可能有比它更糟的情况，所以你要感到庆幸。

“谢谢你”“我很感谢”这些话应该经常挂在嘴边。以特别的方式表达你的感谢之意，付出你的时间和真心，比物质的礼物更可贵。

不要忘了感谢你周围的人：你的丈夫或妻子、男朋友或女朋友及工作的伙伴。因为他们了解你、支持你。大声说出你的感谢。家人知道你很感激他们的信任，但是你要说出来，经常如此，可以增强亲情与家庭的凝聚力。

记住，永远有事情需要感谢。推销员遭到拒绝时，应该感谢顾客耐心听完自己的解说，这样他下一次才有可能惠顾！感恩不花一分钱，却是一项重大的投资，对于未来有很大的帮助。

忠告2　有家，什么都不怕

有家，什么都不怕。

——巴菲特

巴菲特对子女们的婚姻从未干涉，给予他们充分的自由。因为他认为，结婚，就是寻找人生的伙伴。

上帝创造了天地万物之后，造了第一个男人，取名亚当。后来上帝觉得一个人不好，就在亚当睡觉时，从亚当身上取了一根肋骨创造了第一个女人，取名夏娃。亚当醒来之后发现夏娃，就对夏娃说，你是我的骨中之骨、肉中之肉。

这个故事说明了夫妻的关系非常紧密，两人实为一体。在人的一生中若是能找到一个好伴侣，对于家庭、事业，都是最好的投资，彼此扶持，彼此鼓励，彼此心灵相通，那是连神仙都羡慕的一种美妙关系。

目前，很多年轻人在寻找伴侣的时候，往往不愿意往长远考虑，只注意一些眼前的东西，比如金钱、地位、外表等外在的东西。这些外在的东西无法维系一段持久的感情，一旦得到满足之后就淡而无味了。寻找一个终身伴侣是人生最重要的选择，成功的婚姻关系是美妙而幸福的，对于充满挑战的人生之路有非常重要的帮助，千万不可儿戏。若是婚姻不幸福，对双方都是非常大的损失。与其匆匆忙忙、迷迷糊糊地陷入情网，不如在陷入之前睁大眼睛，好好看一看，对方是不是自己命中的伴侣。

1. 找伴侣要在适当的年龄

如何寻找一个好伴侣呢？年龄是第一要素，在 19 岁到 24 岁之间，性荷尔蒙担当了一个非常重要的角色，让我们有非常丰富的感情，尤其是对异性的感情。这时候异性非常容易吸引我们，彼此的不同往往成为互相吸引的要素，因为每个人都在寻找自己基因中所缺少的东西，这是生物繁衍所必需的。比如个子矮的就想找个子高的，理性的就想找感性的，内向的就想找外向的。但彼此的不同，往往又会成为婚后冲突的根源，年纪越大，彼此就越难适应对方，而年纪轻，可以给彼此足够的时间适应，这是找到好伴侣的一个很重要的因素。

2. 好伴侣要有匹配的个性

人要生活，就要有非常强的家庭作为后盾，婚姻就成为终身大事。因此，寻找伴侣的第二要素和找工作的要素一样，就是“个性”，彼此在个性方面的差异可能造成长期的摩擦，从而给婚姻蒙上阴影。

什么样的个性适合彼此呢？比如彼此比较接近，比较容易接受对方。如果双方人格足够成熟，原生家庭的问题也比较少的话，跨能量中心就不是问题，而且双方的人格都能够进一步成长。什么是人格成熟的标志呢？有幽默感，能够调侃自己，表示这个人能接受自己，这是人格成熟的第一个层次；人格成熟的第二个层次是能够了解别人的需要而不是只关心自己的需要；人格成熟的第三个层次是能够主动地关心和帮助别人，满足别人的需要。

在热恋中的情侣往往很自然地就能向对方表现出最美好的一面，因此这些特点都会显而易见，这就是荷尔蒙的神奇效力，它能改变人的行为。

但是不要被这些假象所迷惑，应该观察的是对方和别人的关系如何。在彼此投入感情的同时，对于对方个性和成熟度的观察不能不仔细，因为婚姻毕竟是终身大事，个性不合是造成婚姻失败的元凶。

3. 好伴侣要有相近的核心价值观

寻找伴侣的第三个要素就是核心价值观，核心价值观的不同也会造成很多的摩擦，使婚姻蒙上阴影。其中，对于金钱、家庭、事业等的看法是关键。

第一，对于金钱的看法必须一致，有的人非常节省，有的人非常喜欢花钱，两者不能相差太远，否则金钱方面的纠纷会连续不断。

第二，对家庭的看法要一致。这里面最易出问题的地方就是父母关系。和对方父母的关系可以说是婚姻问题中的一大杀手，这也是中国文化中的一个特殊问题。父母一方觉得儿子是自己生的，千辛万苦养的，有的母亲甚至拾荒来供自己的儿子念大学，目标就是有一天儿子能够出人头地。在这种社会伦理之下，一方面父母理所当然地认为对儿子享有全部的主权，另一方面做妻子的觉得丈夫是自己的终身托付，当然享有全部主权，从而产生了不可避免的冲突！ 做儿子的夹在中间两边不是人，父母、夫妻的关系纠缠不清。 一个非常孝顺母亲的儿子，很可能有恋母情结，这在中国社会非常普遍。 有恋母情结的男人，也会把夫妻关系错认为母子关系，在心理上对妻子产生像母亲般的依赖。 同样，母亲对于儿子的依恋也很常见，这使得情况变得更为复杂。 在西方，人与人的关系比较独立，夫妻关系远大于父母的关系，父母也不可能为子女作出很大的牺牲，因此父母也不可能介入夫妻的婚姻生活。 在其他更为保守的社会，他们仍然像过去的中国，这个冲突完全被压抑下去。 中国正在从保守走向开放，从农业走向工业，但这个父母和夫妻关系的冲突至少还会持续 30 年。

第三，对事业的看法也要基本一致。 若是一方是事业心极强，另一方家庭重于一切，那就可能产生重大的冲突，最后不得不摊牌，走上离婚之路。

很多事业心很强的男人，事业在他的脑海中永远占据了很重的地位，只有很少的精力留给家庭。 这样的男人，往往不是一个称职的丈夫、父亲，做妻子的就要非常辛苦，母代父职，独自撑起一个家，这个牺牲不可谓不大。 结婚之前若是没有这样的心理准备和价值观的认同，就会非常痛苦。

寻找到人生伴侣之后，接下来要进行的就是共度家庭生活。

当我们“众里寻他千百度，蓦然回首，那人却在灯火阑珊处”的时候，并不是一切就都圆满了。

家庭生活是一个双方不断付出的艺术。 有时候丈夫在外面工作很辛苦，但是妻子看不见；妻子在家操劳很辛苦，丈夫看不见。大家都为这个家付出了很多，但是都觉得对方付出的少了。这是因为彼此没有在一起共同地付出，所以周末时一起整理打扫这个温馨的家，既可以增进感情，又能把家整理得干干净净。

丈夫通常比较理性，妻子通常比较感性，这也是双方需要调和的重点，丈夫如果能偶尔地像婚前一样浪漫一下，妻子会欣喜若狂。

婚后的生活要去珍惜拥有的，而不是去羡慕没有的。美国人有个关于婚姻生活的笑话就是“隔壁家的草看起来比较绿”，其实中国人“家家有本难念的经”的说法是更贴切的形容。人生又何尝不是如此呢？世上没有十全十美的事，即使人在十全十美的环境中也未必觉得十全十美，这就是生活的智慧。知足感恩是快乐的源泉，它是来自于人的内在而不是外在的因素。

很多时候，夫妻之间在感情上的付出并不平衡，总是有一方更多，另一方更少，形成一种依赖的状态，久而久之，就会出大问题。很多男士因为从小受母亲照顾惯了，就把自己的妻子当作母亲的替代品，这样的状态很普遍。这种男士在人格的表现上会比较幼稚，因为总是扮演着被照顾的角色。假如男女双方都喜欢扮演被照顾的角色，那就会起很多的冲突。目前许多独生子女长大结婚，面临这样的问题会比较多。成长都必须付出代价，只是迟早的问题，越晚成长所要付出的代价就越大。夫妻之间彼此的付出要保持平衡，这种关系才比较健康，也比较能够持久。事实上，任何两个人的关系或是两个公司的关系，甚至两个国家的关系，都是一样的，若是彼此付出的努力不平衡，迟早要出问题。 所以一个成熟的个体，要懂得何时付出，取得对方的信任，但是不要让对方依赖！

人生漫漫，少不了风风雨雨，家庭是人生停泊的港湾，对于成功人生是非常重要的。 成功的家庭生活始于寻找一个最为匹配的伴侣，家庭背景、年龄、个性和价值观的契合都非常重要。

忠告3　友情是生活必不可缺的调味品

友情是生活必不可缺的调味品。

——巴菲特

2006年6月25日，拥有财富总额约为440亿美元的世界第二富翁沃伦·巴菲特宣布了一个爆炸性新闻，他将把370亿美元的财产捐给世界首富、身价约500亿美元的比尔·盖茨的慈善基金会。人们佩服这两位富翁身体力行实现着“财富取之于社会，再归还给社会”的理念，也感叹这份沉甸甸的友谊和信任。

巴菲特和盖茨两人的友谊要追溯到十几年前。那时，36岁的盖茨已是全世界最年轻的亿万富翁，他对巴菲特早有所闻，但在他的印象中，巴菲特固执、小气，靠投资发财，不懂时代先进技术。

巴菲特年长盖茨25岁。在他眼里，盖茨不过是运气好，靠时髦的东西赚了钱而已。1991年春，一次华尔街CEO聚会让巴菲特和盖茨坐到了一起，聊起了各自的童年和对世界经济的看法。两人惊奇地发现，原来他们有着很多类似的经历。

不久，盖茨在一本杂志上看到巴菲特写的一篇文章——《你应该把所有财富都留给孩子吗？》。巴菲特在文章中指出：“财富应该用一种良好的方式反馈给社会，而不是留给子女。我深信遗产对于子女只会‘弊大于利’……”盖茨在心中反复回味着这句话，第二天一早就找到巴菲特说：“您的文章让我一夜未眠，我第一次意识到，把所有东西都抓在手里也许是个最大的错误！”巴菲特也异常激动。

这篇文章发表后，几乎所有的人都认为巴菲特是在故作姿态，现在，他终于找到了知己。虽然巴菲特戏称自己不懂高科技，特别是计算机，但他却能和比尔·盖茨高谈阔论迈向信息世界达数小时之久。巴菲特也曾造访微软数次，他建议比尔·盖茨研读格雷厄姆的理论。

有人曾经问，在微软之外，谁是你最欣赏的最高执行官？比尔·盖茨回答道：“巴菲特，这个家伙善于思考，我喜欢爱思考的人，他们绝不落于传统的俗套。”

巴菲特号称自己和比尔·盖茨是一对奇怪的组合。他在1992年的富比士上赞美比尔·盖茨：“我的能力不足以评论他在科技上的成就，但是我觉得他有高人一等的商业头脑，如果比尔·盖茨卖热狗，一定会变成‘热狗王’，他是百战百胜型的人物，如果从事我这行，他也会出类拔萃。但是相反地，我却做不来他的事业。”他还告诉富比士，“比尔·盖茨是我的好朋友，我认为他可能是世界上最聪明的人，至于那些小东西(指计算机)到底可以做什么，我一无所知。”

比尔·盖茨表示，他在撰写《拥抱未来》时，就是把不懂科技的巴菲特当作心目中的读者，他在书中表示：“以卓越的投资著名的巴菲特是我的好朋友，这些年来，我一直思考该怎么教他使用个人计算机。我甚至对他说，我可以飞到他那里去教他如何入门。他原先不感兴趣。直到有一天，他发现可以通过计算机联机和全世界各地的朋友打桥牌，情况才有改观。刚开始的6个月，他每天回家之后在计算机前打好几个小时的桥牌，虽然他一直刻意避开科技及与科技有关的投资，可是，一旦他学会计算机之后，就上瘾了，现在，巴菲特上网的时间可能比我还长。”

1995年，财经杂志在棕榈滩举办研讨会，陆米思向参加早餐会的人介绍巴菲特和比尔·盖茨的开场白，震惊四座。陆米思说：“他们两人，一位是全美首富，另一位排名第二。比尔·盖茨在1996年的哈佛商业评论中描述他和巴菲特之间的情谊：‘最近我们两人陪同太太一起到中国旅行，我觉得他说的笑话都非常有趣，也觉得他的饮食很棒，他酷爱汉堡和可乐。总之，我是个巴菲特迷。和巴菲特在一起，你会发现他相当热爱工作，这可以从很多方面看得出来，当他为你解释某件事情时，他从来不会表现出“嗨，这方面我很行，我要让你佩服一下的态度”，相反的，他的态度总是“这件事很有趣”。事实上，也很简单，只要我稍加解释，你就会知道我以前有多笨，花了好多时间才搞清楚到底是怎么一回事，我们之间坦诚相待，绝无敌意，事业重叠的地方也不多，巴菲特之所以远避科技方面的投资，是因为他喜欢十年前就可以预知赢家为谁的投资，这在科技界根本不可能存在。’”

时代杂志曾以比尔·盖茨为封面故事，要采访巴菲特。巴菲特的秘书向记者致歉，表示巴菲特现在不太喜欢接受访问，而且他正在度假，但是她答应一定会让巴菲特知道他们的邀访。不到三个钟头，巴菲特就打电话来，说他正好在时代生活大楼，现在是他到曼哈顿开会的空当时间，他很乐意过来接受访问，很乐于谈谈比尔·盖茨。巴菲特分享了盖茨全家到旧金山访问他们夫妇的故事，结果他们玩了9个钟头的桥牌。时代杂志上的文章还写道：“比尔·盖茨为巴菲特拍了一部电影庆生，电影由比尔·盖茨主演，他假装四处游荡，收集有关巴菲特的轶事，然后打公共电话把他听到的故事告诉妻子梅琳达，每打完一通电话，比尔·盖茨都会仔细检查退币孔有没有硬币退出。梅琳达表示巴菲特只不过排名全国第二富人，比尔·盖茨提醒她，在最新一期的福布斯名单，巴菲特又重回首富的宝座（至少在那一年确实如此），然后电话就突然断了。”

面对巨大的财富，盖茨夫妇建立了盖茨和梅琳达基金会，盖茨夫妇3年中捐出的慈善总款达到150亿美元。2003年，各大报纸报道了盖茨夫妇的善举，他们的慈善行动让巴菲特心潮起伏。可是，他的妻子苏珊在2004年7月中风去世。巴菲特无法从悲伤中走出来，他拒绝参加一切会议和聚会，也拒绝一切朋友的探望。

比尔·盖茨感到非常焦急，他担心长期这样下去会对巴菲特的事业和健康带来极大的负面影响。2005 年夏天，经过梅琳达的反复劝说，巴菲特终于同意和比尔·盖茨一起去中国三峡旅游。这次旅行让巴菲特对人生有了新的领悟，那一晚，他找比尔·盖茨聊了整整一夜。两人决定，回美国后就开始将慈善活动再向前推进一步。

经过了精心策划和缜密思考，2006 年 6 月 15 日，比尔·盖茨在美国最大的电视台上发表公开讲话。他郑重地向全世界宣布："我会逐步退出微软的日常管理工作，于 2008 年正式全身心投入到慈善事业中去。"

2006 年 6 月 25 日早上 9 点，美国伯克希尔·哈撒韦公司董事长巴菲特召集众多媒体说："从今年 7 月起，我会陆续捐出价值为 370 亿美元的股票！这笔资金将捐给世界上管理最健全的慈善组织，那就是盖茨和梅琳达慈善基金会。"在场的记者们沸腾了，370 亿美元，这笔钱相当于很多小国家全年的国民生产总值。接到消息后的比尔·盖茨立刻放下所有公务，和妻子一起来到巴菲特记者招待会的现场。两个好朋友紧紧地拥抱在一起。

忠告 4　跟思想优秀的人交朋友

跟思想优秀的人交朋友。

——巴菲特

巴菲特对苏茜说："年轻的时候即使你身无分文，也应该与优秀的人交朋友。正如水的形状取决于盛水的器皿的形状一样，人的命运取决于结交什么样的朋友。"

女孩到了二十几岁后，就要开始有目的性地去选择朋友，因为在社会关系中，朋友是非常重要的。

这是因为二十岁时建立起来的人际关系网与三四十岁时建立起来的人际关系网有着明显的差异，那就是交往的真实性。

一般来说，二十多岁的年轻人都处于即将或刚刚步入社会的阶段，这个年龄段的人一般不会太计较名利和利害所得。而三四十岁的人们，在这个冷漠的社会里摸爬滚打十多年后，不知不觉地便被磨平了棱角，已经开始学会向社会妥协，与此同时，这个年龄段的人们在人际交往中也开始变得斤斤计较、在乎名利，交往圈子也呈逐渐变窄的趋势。

你想几年后在职场上如何定位？ 成为什么样类型的人，取得什么样的成绩？ 现在就应该开始进行开拓朋友的布局，早一点规划自己的人脉网络，累积自己的“思想资源”。 几年后，将会发现身边到处是可随时协助你的专业人士，一通电话、一个邮件即可解决你烦恼的棘手问题，进而达成你自己的目标。

对于个人来说，专业是利刃，朋友是秘密武器，如果光有专业，没有朋友，个人竞争力就是一分耕耘，一分收获。 但若加上朋友，个人竞争力将是一分耕耘，数倍收获。

二十岁时人脉管理的焦点应该是广结朋友、扩大人际圈以及互享人生经历。 结交很多朋友不仅可以获得必要的信息，更重要的是，可以帮助自己形成正确的人生观和世界观。这样的人际关系网对二十岁时的年轻人来说才是最有价值的。

二十岁时人际关系中的“量”到三四十岁时便会自然而然地走向“质”的飞跃，所以没有必要从刚开始就过分地强调人际关系中的“质”。 我们要持有一种将所有人都看作“师友”的姿态，将我们遇到的所有人都变成自己“圈里人”的姿态。

“与他人交往的方式可以决定一个人的未来”，这句话一点儿也不假。

正如巴菲特所说，你选择加入的朋友圈，也会对你的人生有着很大的影响。 如果你的朋友都是一些积极向上乐观的人，你也会被他们感染的，如果你的朋友是一个悲观主义者，整天只知道抱怨生活，却不会脚踏实地地工作，时间久了，你同样会被感染的。 人选择朋友很重要。 有时候如果想了解一个人，也可以从他的朋友是什么样的人来了解他的为人。

◇ 亲情 + 友情 ◇

感恩是美丽的字眼，它是一种深刻的感受，能够增强个人的魅力，开启神奇的力量之门，发掘出无穷的智慧。

你选择加入的朋友圈，会对你的人生产生很大的影响。如果你的朋友都是一些积极向上的人，你也会被他们感染的，如果你的朋友是一个悲观主义者，整天只知道抱怨生活，却不会脚踏实地地工作，时间久了，你同样会被感染的。

高情商家教思维

1. 如何把懂得感恩培养成一种习惯？

2. 家庭是人一生的依靠，怎样给孩子灌输正确的家庭观？

3. 盖茨和巴菲特关于自己财富的做法给了我们什么样的启示？

4. 怎样指导孩子建立一个优秀的朋友圈？

5. 读完本书，你都有哪些收获？